Jorge Octavio Guzmán Sánchez

Desarrollo Web Avanzado Mejorado

Jorge Octavio Guzmán Sánchez

Desarrollo Web Avanzado Mejorado

Seguimos agregando

Editorial Académica Española

Cover image: www.ingimage.com

Publisher:
Editorial Académica Española
is a trademark of
Dodo Books Indian Ocean Ltd. and OmniScriptum S.R.L publishing group

120 High Road, East Finchley, London, N2 9ED, United Kingdom
Str. Armeneasca 28/1, office 1, Chisinau MD-2012, Republic of Moldova, Europe
Printed at: see last page
ISBN: 978-620-2-12507-9

Desarrollo Web

Créditos

Jorge Octavio Guzmán Sánchez es docente del departamento de Ingeniería en Sistemas Computacionales del Tecnológico Nacional de México / IT de Tuxtla Gutiérrez, y es aquí donde impartió la materia de "Desarrollo Web Avanzado", es gracias a esto que durante varios años pudo acopiar este conocimiento que busca estar en un texto que pueda servir de material didáctico a los estudiantes que cursan la asignatura antes mencionada.

Tabla de contenido

1.- Introducción

Como antes lo comente este no es un libro de programación por lo que no veremos conceptos como tipos de datos, variables, constantes, estructuras de control, aun cuando en este texto se hable de algunos lenguajes como lo es PHP, es por esta razón que tampoco es un libro de programación orientada a objetos, pero comentaremos los conceptos básicos de este paradigma al igual que haremos referencia a varios de estos conceptos.

Durante varios años he visto que no existe un texto en sí que contenga la totalidad (o la mayoría) de los temas de esta materia (igual que otras) y los estudiantes recurren a internet, pero encuentran una gran cantidad de opiniones (en este caso también de versiones) sin la asesoría que integre todos los conceptos, la idea de este escrito surgió para demostrar aplicación de los temas en LARAVEL.

Por ejemplo, buscan como implementar la autenticación en LARAVEL y les dicen que es muy sencillo, tanto como correr el comando php artisan make:auth pero no les dicen que esto funcionaba en las versiones 5.x y fue eliminado en la versión 6, en otras fuentes de información encontraran que deben agregar un paquete llamado ui pero esto funciono en versiones 6.x y menores a la 8, y en otros les recomendaran usar el paquete jetstream pero difícilmente les explicaran los pasos para hacerlo funcionar y las bases que esto tiene, por esta razón decidí realizar estos apuntes en los que explico paso a paso como realizar las operaciones.

Programación orientada a objetos

Para la real academia de la lengua española un paradigma es una teoría o conjunto de teorías cuyo núcleo central se acepta sin cuestionar y que suministra la base y modelo para resolver problemas y avanzar en el conocimiento (entre otras acepciones) pero nosotros lo resumiremos como “LA FORMA DE PENSAR”, y un paradigma de programación es como pensamos en la solución de un problema que luego codificaremos.

En la POO lo que nos interesa son los objetos que intervienen en el proceso a automatizar y es por eso que se realiza el primero de los pilares (la primera característica que veremos) la **abstracción**: que es un proceso mental por medio del cual solo tomamos los aspectos que a nuestro parecer son relevantes al problema que trabajamos y con estos declaramos las clases en el lenguaje de programación que se use.

El siguiente pilar de la POO es la **encapsulación**, que es una estrategia con la cual podemos definir cómo se podrá acceder a las características que abstrajimos anteriormente y determinar la forma en que son utilizadas por otros objetos. Primero, identificaremos la diferencia entre clase y objeto. La primera es la declaración: tómese como ejemplo el plano de una casa. El objeto, en cambio, es la instancia de una clase; pensemos en que, cada vez que se construye una casa en un fraccionamiento, todas se basan en los mismos planos.

Existen tres niveles de encapsulamiento. Los dos extremos son fáciles de asimilar el **público** y el **privado**, en una clase, los atributos pueden ser públicos o privados para definir el acceso que un objeto puede tener a ellos. Por ejemplo, si definimos la clase "trabajador" y establecemos que una característica de este es "salario", podemos establecer también que sea privada, es decir, que cualquier otro objeto no podrá tener acceso directo a esta propiedad ya que solo le pertenece a la instancia en sí, a cualquier otro objeto no se le podrá conceder acceso, para comprender el siguiente nivel (el protegido) es necesario primero introducir el próximo pilar.

El siguiente pilar es la **herencia**, este es un mecanismo mediante el cual se permite que una clase sea la base para otra(s) que será(n) la(s) derivada(s). Aquí entran los términos no tan correctos de "clase padre" y "clase hija". Como resultado de esto se logra que las clases que heredan tengan las mismas características de la clase que fue su base, aquí entra el tercer nivel de encapsulación que no se abordó antes el **protegido** entiéndase cómo (privado a los demás y público entre la familia).

Por último, está el **polimorfismo,** que es la capacidad de realizarse algo de *varias formas*, supongamos que tenemos una clase base que se llame animal y uno de sus métodos es expresarse, y creamos dos clases una se llama perro y otra será gato, ambas son clases derivadas de la clase animal, ambas tienen un método que les permite expresarse, pero nosotros podemos implementar que se expresen de diferente forma el primero se expresara ladrando y el segundo maullando.

Se conocen cómo PILARES de la programación orientada a objetos puesto que gracias a estas estrategias es posible codificar un programa completo. Cómo al comienzo exprese "Este no es un libro de programación orientada a objetos", solo se busca dejar en claro que estos son conceptos necesarios para programar con un framework ya que estos se basan en un lenguaje y el que nosotros trabajaremos es LARAVEL que usa PHP el cual es un lenguaje orientado a objetos.

Patrones de diseño

Ya que estamos hablando de temas de programación debemos recordar el concepto de patrón de diseño puesto que los framworks los utilizan, definamos a este cómo "una forma de solucionar un problema que esta comprobada que funciona", esta oración es muy genérica, según Gustavo Damián Campo que es docente en la Facultad de Ingeniería de la Universidad Católica de Salta, Argentina "Un Patrón de Diseño (design pattern) es una solución repetible a un problema recurrente en el diseño de software." [1], el más evidente talvez sea el MVC (patrón modelo vista controlador que en lo personal asocio con la frase "divide y vencerás".

El **modelo** es la parte que contiene la lógica de la aplicación, comúnmente en este se encuentran el acceso a los datos que se usan en la solución del problema (es aquí donde se accede a la base de datos), la **vista** es la parte que determina cómo se presentan esos datos al usuario y el **controlador** es quien se encarga de decidir cómo deberá reaccionar el sistema a las peticiones que le haga el usuario final.

Existen distintos tipos de patrones, entre ellos los creacionales, los estructurales y los comportamentales, ejemplo de los primeros serían el patrón *singleton* o el *factory,* ambos explican cómo crear un objeto, el primero de ellos nos muestra cómo podemos crear una instancia que será compartida en toda la aplicación y que cualquier objeto usará los mismos datos. El siguiente nos permite crear instancias que se usaran en diferentes situaciones, pero todas del mismo origen. Existen patrones estructurales como el *decorator* que nos muestran cómo podemos agregarle nuevas funcionalidades a un "objeto" ya declarado. Cuando deseamos realizar tareas que dependan unas de otras, pero de una forma desacoplada podemos usar el patrón *observer* (que es considerado uno de tipo compartimental)

Y así existen varios más.

Convenciones

Es difícil modificar un código fuente cuando no se entiende su contenido. Para que varios den el mismo significado e implementen de forma similar su código existen las convenciones, recordemos que estas son una forma acetada por la mayoría para realizar alguna actividad, a diferencia de una norma que debe respetarse.

Todos como programadores sabemos que uno debemos llamar a las variables *x, y o z* y posiblemente cuando nos enseñaron esto nos dijeron que usáramos nombres de variables que expresaran lo que contenían o para lo que se usaban estas.

convenciones de nombrado.

En la mayoría de los lenguajes de programación la regla para crear identificadores es que pueden comenzar con un guion bajo, y continuar con una o más letras y o números, existen palabras reservadas que dependen de cada dialecto y estas no se pueden usar, pero en general no es posible emplear espacios en blanco.

Las convenciones de nombrado sirven para especificar identificadores, y son **camelCase**, **PascalCase**, **snake_case**, **kebab-case**. En todas estas se sustituye el espacio en blanco, la forma es la siguiente.

En PascalCase y camelCase es usa mayúsculas al comienzo de cada una de las palabras que conforman el nombre del identificador, pero en camelCase las mayúsculas se emplean a partir de la segunda palabra.

Snake_case es todo en minúsculas y los espacios se reemplazan por un signo de guion medio.

La convención kebab-case es empleada para nombrar identificadore que no sean nombres de elementos usados en una epresion puesto que el lenguaje de programación la interpretaría como una resta.

Vamos a ejemplificar el uso de cada una de estas convenciones con el identificador "carro lento", en **camel** case quedaría como carroLento; en **pascal** case se escribiría como CarroLento, si fuese nombrado con snake case escribiríamos carro_lento y por último el kebab case en este se nombraría carro-lento.

Concepto de framework

Este será un libro en el que enseñaré cómo crear una aplicación usando el framework LARAVEL, recalco una vez más que este no es un libro de programación; Hemos mencionado en múltiples ocasiones la palabra framework, Marcelo Cíceri en su libro Introducción a Laravel: Aplicaciones robustas y a gran escala lo define como "un conjunto de estructuras y componentes de software predefinidos e interconectados que sirven de base para la organización y el desarrollo de sistemas con propósitos generales." [2] entenderemos que un framework es una aplicación incompleta pero funcional (su función típicamente es un "hola mundo") y el programador debe modificar (agregar o quitar ciertas partes o funcionalidades) para adecuar el resultado a los requisitos del cliente, por lo que podemos entender que un framework es un conjunto de reglas y convenciones que se usan en distintas áreas de trabajo para realizar las actividades de manera más eficiente y rápida. Existen varios tipos de frameworks para todas las ramas del conocimiento, tomemos en cuenta que este es una especie de gioser[1] en el que de forma simple se rellenan los espacios (no para dibujar letras y formar un texto, sino para lograr un objetivo), si es un framework de marketing se rellena con las acciones necesarias para lograr la venta que se busca, si este es uno de desarrollo el objetivo es crear un programa de ciertas características por lo que las cosas que se agregara serán bibliotecas y código que facilite llegar al objetivo establecido.

Cómo antes se comentó existen múltiples tipos de frameworks, los que a nosotros nos interesan son los de desarrollo específicamente los de desarrollo web, cada uno está basado en un lenguaje de programación, en el caso de JAVA tenemos Spring, Struts y otros más, en el caso de JAVASCRIPT contamos con Express y Nextjs y en el que nos atañe PHP cuenta con Laravel, Symfony, Zend entre otros; Todas las listas anteriores son enunciativas no limitativas, de igual forma existen frameworks que se conocen cómo de **front end** y otros se conocen cómo de **back end**, estos nombres hacen alusión a la parte que estos se ejecutan, los primeros se encuentran en el extremo que el cliente final ve (estos son los que modifican las vistas y ejemplo de estos es angular, vue y otros) y los otros se ejecutan en el servidor, hay veces en que los frameworks pueden ser de back o front, cómo es el caso de LARAVEL y en este caso se les conoce como **full stack**.

Herramientas de desarrollo

Otro tema para comentar serán las herramientas que usaremos para crear nuestro entorno de desarrollo, primeramente, es **COMPOSER**[2] , que es un administrador de dependencias para PHP.

En varias ocasiones puede haberse encontrado con un mensaje en que se le avisa no es posible instalar el software *x* debido a que en su computadora no está instalado el software *y* (comúnmente suele suceder si desea instalar office y no cuenta con el .Net framework), esto ya no sucederá puesto que su aplicación contará con un archivo de configuración llamado composer.json (este es el archivo de configuración se encuentra en formato JavaScript Object Notation), no confundir con el archivo composer.lock, en el primero se describen los

[1] Un gioser es una plantilla de papel grueso, que se utiliza para calcar letras

[2] Es posible descargarlo de su sitio https://getcomposer.org/

paquetes que se requiere para instalar la aplicación y en el segundo se describen los paquetes que han sido instalados.

Otra herramienta es **GIT**[3] que es un controlador de versiones distribuido, este software permite realizar un seguimiento de los archivos del código fuente que desarrolla, de vez en cuando usted realiza "commits" que son cómo instantaneas al código y estos generan un identificador único para cada uno (hash), en cualquier momento puede usted regresar a una versión (instantánea) anterior. La característica de distribuido es porque entre varios usuarios pueden realizar modificaciones al mismo proyecto (repositorio).

Otra herramienta es **NGROCK**[4], es un proxy inverso, es decir que es un software a través del que otros pueden disponer de los recursos que usted establezca, si estas desarrollando un sistema con la ayuda de un servidor web entonces en el puerto 80 de su máquina se podrá ver el resultado, pero otras personas no podrán directamente, podrían configurar sus dispositivos para que estén en la misma red y puedan ver el sistema en su dirección IP, pero con ngrock se generará una dirección del tipo http://fca2fa3fd170.ngrok.io y todas las peticiones que cualquiera haga por medio de internet serán redireccionadas a la aplicación web en su computadora.

Uso de homestead

Para los usuarios de Windows y que su computadora no trabaja fluidamente con máquinas virtuales se recomienda usar **LARAGON**[5], esta parte de este escrito es opcional y puede ser omitida puesto que también puede usar un ambiente de desarrollo con otras herramientas como xamp, wamp, etc. Cuando se usa **VAGRANT**[6] no se depende de algún hipervisor en específico para poder manejar las máquinas virtuales (puede usar virtualbox de oracle o vmware u otro), con este es posible crear su propio ambiente de desarrollo (más adelante demostraremos su uso).

Las máquinas virtuales instalan un sistema operativo y para esto se usan las imágenes ISO, en el caso de vagrant lo que se usa son cajas (BOXes), Los creadores del framework LARAVEL crearon también la BOX Homestead[7], es una instalación basada en Ubuntu y tiene pre cargadas varias herramientas que facilitan el desarrollo web.

---

[3] Puede descargarlo en https://git-scm.com/downloads

[4] Se puede encontrar en su sitio https://ngrok.com/

[5] Un bundle que instala junto con un servidor web las herramientas necesarias para el desarrollo de proyectos LARAVEL

[6] VAGRANT es un manejador de máquinas virtuales.

[7] Puedes leer en https://laravel.com/docs/9.x/homestead

Primeramente, necesitamos clonar (en la jerga de git se usa el comando git clone que realiza una copia) el repositorio laravel/homestead de github. Seguido a esto modificaremos el archivo de configuración Homestead.yalm (cuando descargamos nuestra copia podemos basarnos en el Homestead.yalm.example) para definir cómo deseamos que esté la máquina virtual que emplearemos, establecer la IP, cuanta memoria ram le asignaremos cantidad de procesadores y si deseamos compartir alguna carpeta desde nuestra maquina host (máquina física) a nuestro anfitrión (máquina virtual) lo anterior se declara en la sección de folders, en la que encontrará una entrada llamada map que significa que lo que tengamos en cierta ubicación de nuestro sistema de ficheros (el ~/code) significa en el subdirectorio code del directorio raíz del usuario actual (el usuario que está usando vagrant, debemos recordar que el directorio en el que iniciamos será el que contenga nuestro archivo de configuración) y la entrada to es la dirección de donde estará esta carpeta (si ha usado linux talvez este familiarizado con el termino montar un sistema de ficheros), se tiene otras secciones cómo la de sites, que especifica los sitios que tendrá nuestra máquina virtual, este entorno tiene preconfigurado nginx[8] con soporte de múltiples hosts, cada uno de ellos se configura de acuerdo a las entradas de sites, a cada una de estas se le puede especificar un atributo llamado php este sirve para establecer la versión de este lenguaje que tendrá dicho sitio, debe recordar que homstead dependiendo de la versión tiene instaladas múltiples herramientas y también varias versiones de php, por lo que es posible declarar que en prueba1.test se use php en la versión 7.4 y en prueba2.test use php en la versión 8 (los nombres de los sitios se establecen con la entrada map y la ubicación de los archivos que tendrán este sitio se establecen con la entrada to) existen varias secciones más pero con configurar estas podrá crear su ambiente de desarrollo.

Para iniciar la máquina virtual usamos el comando vagrant up y para apagar ésta usaremos el vagrant halt, cada que hagamos un cambio en la configuración usaremos el vagrant reload –provision, es importante usar el modificador provisión si no sería cómo "reiniciar la máquina, pero no que vuelva a cargar la configuración que modificamos.

2.- Primeros pasos con LARAVEL

Primeramente instalaremos el framework, para realizar esta acción existen varias formas, comenzaremos por usar la herramienta composer (que cómo vimos antes es una administrador de dependencias) que se encargara de leer el archivo composer.json y en él están los requisitos para instalar la aplicación (recordemos que el archivo composer.lock contiene las versiones de los requisitos que ya fueron instalados), si revisamos el contenido del archivo composer.json encontramos que es requisito contar con la versión 8.0.2 o superior de PHP así como la 9.19 o superior del framework así como otras especificaciones más.

[8] Un servidor web de alto rendimiento que pude también configurarse como proxy inverso.

```
pruebas@otro:~/ejercicio$ cat composer.json
{
    "name": "laravel/laravel",
    "type": "project",
    "description": "The Laravel Framework.",
    "keywords": ["framework", "laravel"],
    "license": "MIT",
    "require": {
        "php": "^8.0.2",
        "guzzlehttp/guzzle": "^7.2",
        "laravel/framework": "^9.19",
        "laravel/sanctum": "^3.0",
        "laravel/tinker": "^2.7"
    },
    "require-dev": {
        "fakerphp/faker": "^1.9.1",
        "laravel/pint": "^1.0",
        "laravel/sail": "^1.0.1",
        "mockery/mockery": "^1.4.4",
        "nunomaduro/collision": "^6.1",
        "phpunit/phpunit": "^9.5.10",
        "spatie/laravel-ignition": "^1.0"
    },
    "autoload": {
        "psr-4": {
            "App\\": "app/",
            "Database\\Factories\\": "database/factories/",
            "Database\\Seeders\\": "database/seeders/"
        }
    },
    "autoload-dev": {
        "psr-4": {
            "Tests\\": "tests/"
        }
    },
    "scripts": {
        "post-autoload-dump": [
            "Illuminate\\Foundation\\ComposerScripts::postAutoloadDump",
            "@php artisan package:discover --ansi"
        ],
        "post-update-cmd": [
            "@php artisan vendor:publish --tag=laravel-assets --ansi --force"
        ],
        "post-root-package-install": [
            "@php -r \"file_exists('.env') || copy('.env.example', '.env');\""
        ],
        "post-create-project-cmd": [
            "@php artisan key:generate --ansi"
        ]
    },
    "extra": {
        "laravel": {
            "dont-discover": []
        }
    },
    "config": {
        "optimize-autoloader": true,
        "preferred-install": "dist",
        "sort-packages": true,
        "allow-plugins": {
            "pestphp/pest-plugin": true
        }
    },
    "minimum-stability": "dev",
    "prefer-stable": true
}
pruebas@otro:~/ejercicio$
```

Cuando usamos la herramienta ésta revisa si la dependencia que se indica ya fue descargada anteriormente y se encuentra en cache y la instala en caso contrario la descarga para instalarla, con ella también podemos crear un proyecto, incluso decirle en que versión deseamos:

```
pruebas@otro:~$ composer create-project laravel/laravel="5.1.*" ejercicio
Creating a "laravel/laravel=5.1.*" project at "./ejercicio"
Installing laravel/laravel (v5.1.33)
  - Installing laravel/laravel (v5.1.33): Extracting archive
Created project in /home/pruebas/ejercicio
> php -r "copy('.env.example', '.env');"
Loading composer repositories with package information
Updating dependencies
Lock file operations: 58 installs, 0 updates, 0 removals
  - Locking classpreloader/classpreloader (3.2.1)
  - Locking danielstjules/stringy (1.10.0)
  - Locking dnoegel/php-xdg-base-dir (0.1)
  - Locking doctrine/inflector (1.4.4)
  - Locking doctrine/instantiator (1.4.1)
  - Locking fzaninotto/faker (v1.5.0)
  - Locking hamcrest/hamcrest-php (v1.2.2)
  - Locking jakub-onderka/php-console-color (v0.2)
  - Locking jakub-onderka/php-console-highlighter (v0.3.2)
```

En el ejemplo anterior se indicó que se creara un proyecto basado en el repositorio laravel/laravel (cómo antes comentamos es usuario/repositorio) y que deseamos la versión 5.1. (esto fue sólo para demostración y no es lo mejor puesto que dicha versión ya está obsoleta, por eso si no especificamos una se instala la actual (que en al momento de hacer este escrito es la 9.3.9)

```
pruebas@otro:~$ composer create-project laravel/laravel ejercicio
Creating a "laravel/laravel" project at "./ejercicio"
Installing laravel/laravel (v9.3.9)
  - Installing laravel/laravel (v9.3.9): Extracting archive
Created project in /home/pruebas/ejercicio
> @php -r "file_exists('.env') || copy('.env.example', '.env');"
Loading composer repositories with package information
Updating dependencies
Lock file operations: 107 installs, 0 updates, 0 removals
  - Locking brick/math (0.10.2)
  - Locking dflydev/dot-access-data (v3.0.1)
  - Locking doctrine/inflector (2.0.6)
  - Locking doctrine/instantiator (1.4.1)
  - Locking doctrine/lexer (1.2.3)
  - Locking dragonmantank/cron-expression (v3.3.2)
  - Locking egulias/email-validator (3.2.1)
  - Locking fakerphp/faker (v1.20.0)
  - Locking filp/whoops (2.14.5)
```

Pero existe un instalador que fue desarrollado por los creadores del framework, lo instalamos con el comando:

```
pruebas@otro:~$ composer create-project laravel/installer
Creating a "laravel/installer" project at "./installer"
Installing laravel/installer (v4.2.17)
  - Installing laravel/installer (v4.2.17): Extracting archive
Created project in /home/pruebas/installer
Loading composer repositories with package information
Updating dependencies
Lock file operations: 37 installs, 0 updates, 0 removals
  - Locking doctrine/instantiator (1.4.1)
  - Locking myclabs/deep-copy (1.11.0)
  - Locking nikic/php-parser (v4.15.1)
  - Locking phar-io/manifest (2.0.3)
  - Locking phar-io/version (3.2.1)
  - Locking phpunit/php-code-coverage (9.2.17)
  - Locking phpunit/php-file-iterator (3.0.6)
  - Locking phpunit/php-invoker (3.1.1)
  - Locking phpunit/php-text-template (2.0.4)
  - Locking phpunit/php-timer (5.0.3)
```

Como no se especificó al final un nombre para la carpeta nos creara una llamada installer.

```
pruebas@otro:~$ ls
installer
pruebas@otro:~$ ls installer/
bin  composer.json  composer.lock  LICENSE.md  README.md  src  vendor
pruebas@otro:~$ ls installer/bin/
laravel
pruebas@otro:~$
```

Dentro de installer se encuentra el instalador en la carpeta bin y usando éste podremos crear un nuevo proyecto que contenga el framework

```
pruebas@otro:~$ ./installer/bin/laravel new ejercicio

 _                               _
| |                             | |
| |     __ _ _ __ __ ___   _____| |
| |    / _` | '__/ _` \ \ / / _ \ |
| |___| (_| | | | (_| |\ V /  __/ |
|______\__,_|_|  \__,_| \_/ \___|_|

Creating a "laravel/laravel" project at "./ejercicio"
Info from https://repo.packagist.org: #StandWithUkraine
Installing laravel/laravel (v9.3.9)
  - Installing laravel/laravel (v9.3.9): Extracting archive
Created project in /home/pruebas/ejercicio
> @php -r "file_exists('.env') || copy('.env.example', '.env');"
Loading composer repositories with package information
Updating dependencies
Lock file operations: 107 installs, 0 updates, 0 removals
  - Locking brick/math (0.10.2)
  - Locking dflydev/dot-access-data (v3.0.1)
  - Locking doctrine/inflector (2.0.6)
  - Locking doctrine/instantiator (1.4.1)
  - Locking doctrine/lexer (1.2.3)
```

Pero lo haremos podemos instalar también paso a paso; para esto lo clonaremos usando git (si no especificamos el nombre de una carpeta al final del comando nos dejara el proyecto en una carpeta que se llame como el repositorio)

```
pruebas@otro:~$ git clone https://github.com/laravel/laravel.git ejercicio
Cloning into 'ejercicio'...
remote: Enumerating objects: 33557, done.
remote: Counting objects: 100% (1/1), done.
remote: Total 33557 (delta 0), reused 0 (delta 0), pack-reused 33556
Receiving objects: 100% (33557/33557), 10.25 MiB | 3.47 MiB/s, done.
Resolving deltas: 100% (19855/19855), done.
```

El directorio ejercicio contiene el framework, pero aun nos faltan varios detalles para poderlo emplear, primeramente debemos crear un archivo de configuración general para el framework, este es el archivo .env y para esto podemos guiarnos del archivo .env.example (en sistemas operativos basados en unix los archivos cuyo nombre empiezan con un punto son ocultos)

Realizaremos una copia del archivo **.env.example** (recuerde que debe estar en la carpeta del ejercicio, puede hacerlo desde un explorador de archivos también. También hay quienes renombran el archivo de ejemplo.

Es momento de instalar las dependencias, para esto haremos uso de la herramienta composer, podemos ver el archivo composer.json que se encuentra entre los archivos que fueron descargados, si usted lo revisa encontrará que declara cómo requerido el paquete laravel/framework (ya comentamos que se basa en github y se lee como usuario/repositorio)

```
pruebas@otro:~/ejercicio$ cat composer.json
{
    "name": "laravel/laravel",
    "type": "project",
    "description": "The Laravel Framework.",
    "keywords": ["framework", "laravel"],
    "license": "MIT",
    "require": {
        "php": "^8.0.2",
        "guzzlehttp/guzzle": "^7.2",
        "laravel/framework": "^9.19",
        "laravel/sanctum": "^3.0",
        "laravel/tinker": "^2.7"
    },
```

el comando que usaremos para que revise si tenemos instalados los requisitos es update

```
pruebas@otro:~/ejercicio$ composer  update
Loading composer repositories with package information
Updating dependencies
Lock file operations: 107 installs, 0 updates, 0 removals
  - Locking brick/math (0.10.2)
  - Locking dflydev/dot-access-data (v3.0.1)
  - Locking doctrine/inflector (2.0.6)
  - Locking doctrine/instantiator (1.4.1)
  - Locking doctrine/lexer (1.2.3)
  - Locking dragonmantank/cron-expression (v3.3.2)
  - Locking egulias/email-validator (3.2.1)
  - Locking fakerphp/faker (v1.20.0)
  - Locking filp/whoops (2.14.5)
  - Locking fruitcake/php-cors (v1.2.0)
  - Locking graham-campbell/result-type (v1.1.0)
  - Locking guzzlehttp/guzzle (7.5.0)
  - Locking guzzlehttp/promises (1.5.2)
  - Locking guzzlehttp/psr7 (2.4.1)
  - Locking hamcrest/hamcrest-php (v2.0.1)
  - Locking laravel/framework (v9.36.4)
  - Locking laravel/pint (v1.2.0)
  - Locking laravel/sail (v1.16.2)
  - Locking laravel/sanctum (v3.0.1)
  - Locking laravel/serializable-closure (v1.2.2)
  - Locking laravel/tinker (v2.7.2)
  - Locking league/commonmark (2.3.5)
  - Locking league/config (v1.1.1)
  - Locking league/flysystem (3.10.1)
  - Locking league/mime-type-detection (1.11.0)
  - Locking mockery/mockery (1.5.1)
  - Locking monolog/monolog (2.8.0)
  - Locking myclabs/deep-copy (1.11.0)
```

Laravel maneja por seguridad un token basado en una llave de encriptación por lo que ahora usaremos el script artisan del framework, para generar esta llave, estando en la raíz del proyecto ejecutamos el siguiente comando

```
pruebas@otro:~/ejercicio$ php artisan key:generate

  INFO  Application key set successfully.

pruebas@otro:~/ejercicio$ cat .env
APP_NAME=Laravel
APP_ENV=local
APP_KEY=base64:Pz5e5NDOqGY2vEw2PFitpFj702SKraO2PEobVEC6hjY=
APP_DEBUG=true
APP_URL=http://localhost
```

Pude confirmar que la variable APP_KEY que está en el archivo .env ha cambiado de estar en limpio a una cadena en base 64

Explicaremos el comando anterior, primeramente, llamamos al intérprete de PHP ya que artisan es un script en éste lenguaje y es el principal con el que podemos crear elementos, realizar acciones, etc... en otras palabras usar el framework LARAVEL

El parámetro key es el comando y a este después de los dos puntos le indicamos el subcomando, en este caso la llave la estamos generando (key no tiene variedad de sub comandos cómo otros por ejemplo make)

Ahora que ya hemos configurado (lo básico necesario) podemos ver el framework en acción, para esto usaremos el comando serve (esto lo que hace es que se ejecute un servidor web de desarrollo), lo instala en el puerto 8000 a diferencia de que un servidor web por lo general está en el puerto 80

```
pruebas@otro:~/ejercicio$ php artisan serve

  INFO  Server running on [http://127.0.0.1:8000].

  Press Ctrl+C to stop the server
```

Podemos cambiar la ip (pudiera ser la que deseas que usen tu maquina en la intranet) y podemos cambiar el puerto también

```
pruebas@otro:~/ejercicio$ php artisan serve --host=192.168.56.106 --port=8081

  INFO  Server running on [http://192.168.56.106:8081].

  Press Ctrl+C to stop the server
```

y

ahora podremos ver nuestro sistema desde un explorador web (incluso desde otra maquina si no tenemos un firewall activado)

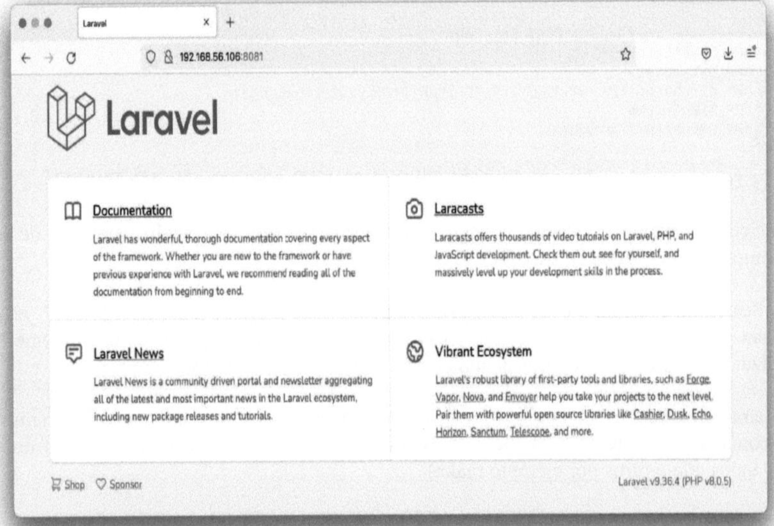

Nota, cuando creamos el ejercicio (sea con el instalador o con la herramienta composer) se corrieron todos los pasos, se instalaron dependencias, se generó el archivo .env y se agregó la clave de encriptación.

Es momento de conocer las carpetas y archivos del framework, para esto exploraremos el frameworkr (en distintas versiones se encuentra o no algunas de estas, pero se muestran las más relevantes)

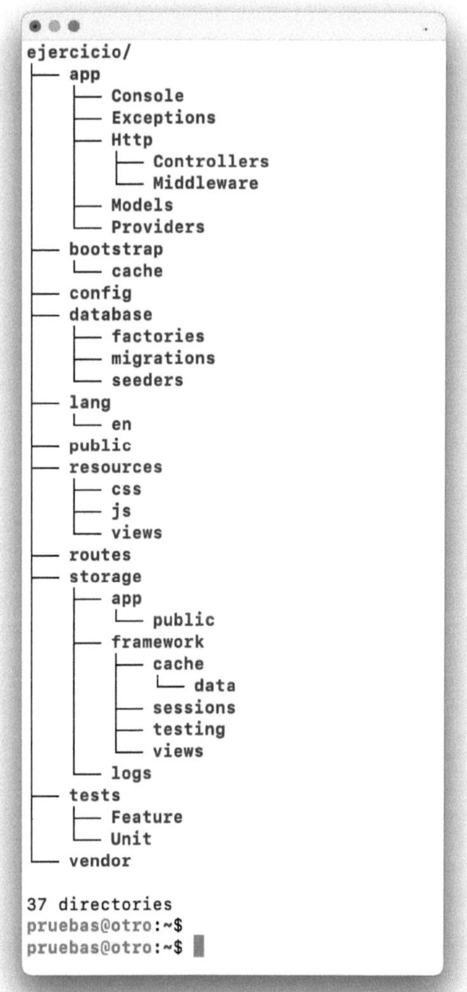

Comenzaremos por explicar los directorios del framework, después explicaremos los archivos importantes

Primeramente, tenemos el directorio **app**, se puede decir que la aplicación (o la mayoría de ésta) estará dentro de este directorio, es aquí donde tenemos un directorio para comandos que se ejecutan desde la consola, estos son los que podemos ejecutar con el script artisan, LARAVEL ya trae varios, podemos crear los nuestros. A continuación, encontraremos el directorio **Exceptions**, en el pondremos el código que deseemos se ejecute cuando se encuentre con una excepción (así como en varios lenguajes usamos el *try-catch*, podemos definir la lógica con la que trataremos ese error y también podemos definir cómo se verá el sistema.

Tenemos la carpeta **Http**, que contiene las carpetas **Controllers** y **Middlware** (y otras que se crearan según sea necesario), la primera contendrá a los controladores (que son las clases en las que se define el comportamiento que tendrá el sistema ante determinadas peticiones, y la segunda es la carpeta en que se guardaran los filtros a las peticiones, en ellas se puede determinar que hará el sistema ante determinada petición, es aquí donde podemos validar si la solicitud cuenta con ciertas condiciones, por ejemplo si la petición es de cierta dirección o se cumple cierto criterio, no confundamos con los **FormRequest** que son clases que pueden validar los campos de entrada que normalmente provienen de un formulario, por ejemplo validar que un dato sea numérico, o requerido etcétera.)

Continuamos dentro de la carpeta **app** con la carpeta **Models** (sin hacer caso al modelo User.php que de forma predeterminada ya existe en la instalación) aquí se guardan los modelos generados para nuestros sistemas, comúnmente los modelos son los que se encargan de guardar los datos usados en nuestra aplicación en el caso de LARAVEL estos trabajan con la base de datos a través de eloquent que es el (ORM[9]) que usa el framework. En versiones anteriores no se contaba con una carpeta en especial para guardarlos.

Por último encontramos un folder para guardar los **Providers**, la instalación ya cuenta con algunas clases, estos proveedores se encargan de configurar y cargar algunos aspectos de la aplicación, común mente afirmamos que en la carpeta app está el sistema (o al menos la mayoría) porque con forme creamos eventos, correos y otros aspectos el código que se genera estará en sub carpetas de ésta (la mayoría de las clases que se crean). La siguiente carpeta para analizar es bootstrap (esta es una carpeta del framework para la inicialización de la aplicación, no confundir con el bootstrap de css)

La siguiente carpeta es de configuración, esta se llama **config** y dentro de ella encontraremos archivos en php (clases que retornan arreglos con la configuración que deben tener ciertas partes del sistema).

Hemos llegado a la carpeta **database**, en ella efectivamente se encuentran configuraciones de la base de datos, encontramos tres sub carpetas, la primera que analizaremos es **migrations** puesto que es aquí donde se que define a cada uno de los componentes de la base de datos, la siguiente es **seeders** que es en aquí donde se alimentan los datos de nuestra base (este es un mecanismo para crear por ejemplo un usuario "default" o si por ejemplo estuviésemos desarrollando un sistema de refacciones de carros sería necesario contar con un catálogo con las marcas de los carros, y es en aquí que podríamos alimentar esta tabla) y por último analizaremos la carpeta **factories**, es a través de estos que podemos poblar nuestra base de datos con registros para pruebas, generalmente esto lo hacemos también con seeders puesto que por lo general los factories generan datos aleatorios.

Continuamos con la carpeta **lang** que tiene una sub carpeta **en**, esta es para poder manejar varios idiomas para la aplicación, por defecto la aplicación trabaja en el idioma inglés pero esto es posible cambiarlo en la configuración (archivo app.php que se encuentra en el directorio config) , en internet encontrara proyectos de código abierto para poder cambiar el idioma de la aplicación, es decir agregar una sub carpeta.

Es momento de revisar la carpeta **public** que es el punto de inicio de nuestra aplicación, si usted pone algún archivo dentro de ella estará disponible para cualquiera a través de la red, el servidor web define esta cómo la carpeta inicio.

---

[9] Object Relational Mapping, es una forma de programar en la que todos los elementos de la base de datos se mapean a programación orientada a objetos, más adelante trataremos este tema a detalle.

La carpeta resources cómo su nombre lo indica contiene los recursos usados por la aplicación, contiene tres sub carpetas, la pirmera que analizaremos es views y en ella cómo su nombe lo indica incluiremos las paginas que seran la "vista" de nuestra aplicación, estas se reenderizaran cómo html en el navegador web de quien use nuestro sistema; las otras dos carpetas (js y css) son usadas por un "preprocesador" actualmente LARAVEL usa VITE para generar los archivos app.js y app.css con los recursos que usa nuestra aplicación y los coloca en la carpta public (en versiones anteriores usaba webpack, pero podemos no usarlo e incluir nuestros "assets" directamente)

La siguiente carpeta es **routes**, este directorio contiene los archivos api.php, channels.php, console.php y web.php, y en ellos definiremos cómo reaccionara el sistema a las peticiones que un usuario haga. Es posible defir en el archivo en el que buscara las rutas dependiendo del tipo de aplicación que se maneje, por ejemplo si es una aplicación web cuando el usuario introduzca la URL http://servidor/amigos/listar se busque la ruta en el archivo web.php que se encuentra dentro de esta carpeta y en este poremos defiri la accion que se debera llevar a cabo)

En el listado el siguiente directorio es **storage**, y su fucionalidad es guardar, pero depende de la sub carpeta el uso, las que se tienen son app, framework, y logs, el contendio de la carpeta **framework** (y sus sub directorios) son archivos que LARAVEL usa, por ejemplo las vistas compiladas en php, los archivos de session que se manejan, etc., la carpeta **logs** contiene los archivos de bitacora que genera el sistema, por defeto existe un archivo que se llama laravel.log en el cual se registran los errores que se van generando, y tenemos la carpeta **app** en la que guardamos archivos que se almacenan en nuestra aplicación, por ejemplo archivos con fotos que podemos subri.

La carpeta **tests** contiene dos sub carpetas **Feature** y **Unit**, es aquí donde podemos guardar los archivos que definan nuestras purebas que se relaizaran al sistema, estas sean pruebas de funcinalidad o pruebas unitarias.

Y ahora tenemos a la carpeta **vendor** en la que realmente nosotros no guardamos archivos , esta es la carpeta en la que se guardan las bibliotecas que son necesarias para ejecturar la aplicación, recuerde la herramieta composer, descarga todos los requisitos y si usted modifica algún archivo que este dentro de vendor la próxima vez que composer actulize descargara nuevos archivos y sobre escribirá los cambios.

Cuando hablamos de los archivos especiales que se encuentran en la raíz del proyecto encontraremos los archivos: composer.json, composer.lock, package.json, phpunit.xml, README.md y vite.config.js, de los primeros dos ya habíamos explicado, el tercero es a npm [10]cómo el primero a la herramienta composer, tenemos también el caso de un archivo xml en el que se configura el sistema de pruebas del framework, el penultimo cómo su nombre (en ingles) sugiere tiene informacipon a cerca del proyecto y el último es la configuración que permite compliar los assets (recursos en java script y en css que se incluirán en el proyecto, después de la compilación con vite (en versiones anteriores de laravel se usaba webpack) este no es necesraio puesto que los archivos app.css y app.js que

[10] Acronimo de node pakage manager, un administrador de paquetes de node (que es basado en java script)

se generan con la compilación y se ubicaran en public es posible sustituirlo por bibliotecas u cdn's a estas.

Es momento de hablar más a fondo de las rutas, los ejemplos los daremos con las rutas web (pero de forma similar a una aplicaicon web puede crear ruras para un API u otras que LARAVEL maneje).

En el archivo /routes/web.php se incluye por defecto el facade ROUTE

```
use Illuminate\Support\Facades\Route;
```

con esta instruccion estamos diciendo que en el codigo de este archivo podremos usar la clase ROUTE que estan definida en esta direccion (si somos observadores se esta haciendo referencia a un archivo ubicado en la carpeta vendor especificamente a /laravel/framework/src/Illuminate/Support/Facades/Route.php y si observamos es parte del framework, esta clase nos permite definir nuevas rutas, es decir cuando un usuario escriba en el cliente web una "direccion" (es decir una URL[11]) las acciones que se realizaran, para esto es importante conocer lo que los **verbos http** son (en este escrito solo mencionaremos a GET, PUT, POST y DELETE aún cuando existen muchos otros).

Por ejemplo declaramos esta ruta

```
Route::get('saludar',function(){
   echo "HOLA";
});
```

Que esta indicando con una funcion anonima que cuando el sistema reciba una peticion GET que conincida con la URI "saludar", deberá imprimir la palabra hola

[11] Uniform Resource Locator comúnmente conocida cómo direccion web, es la que vemos en la barra de direcciones del navegador.

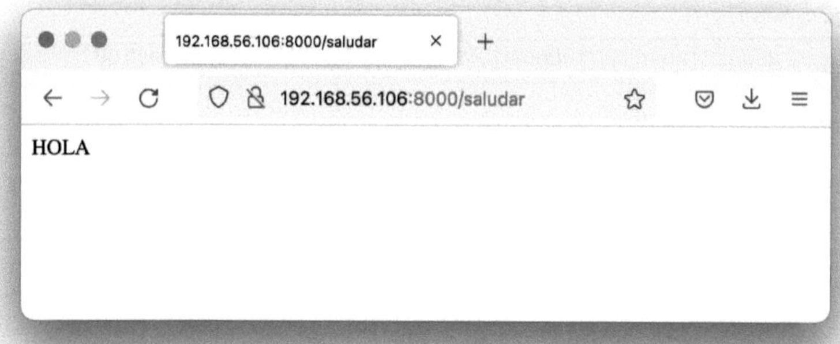

De esta forma podríamos recibir por parámetro el nombre de la persona a la que vamos a saludar

```
Route::get('saludar/{nombre}',function($parametro){
   $nombre = $parametro;
   echo "HOLA ";
   echo strtoupper($nombre);

});
```

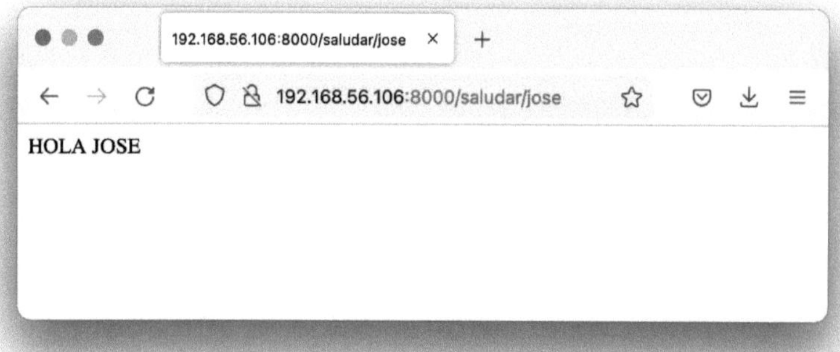

Tambien podemos pasar otro parámetro que sea el idioma en que deseamos saludar (ingles, frances, español)

```
Route::get('saludar/{nombre}/{idioma}',function($parametro01, $parametro02){
   $nombre = $parametro01;
   $idioma = $parametro02;
   switch ($idioma) {
      case 'ingles':
         echo "HI ";
         echo strtoupper($nombre);
         break;
      case 'frances':
         echo "SALUT ";
         echo strtoupper($nombre);
         break;
      case 'aleman':
         echo "HALLO ";
         echo strtoupper($nombre);
         break;
      default:
         echo "USTED NO HA ESPECIFICADO ALGUN IDIOMA ";
         break;
   }
});
```

Pero si no introducimos el idioma marca error el sistema, esto es porque recordemos que en la definición de la ruta afirmamos que el segundo parámetro no era opcional

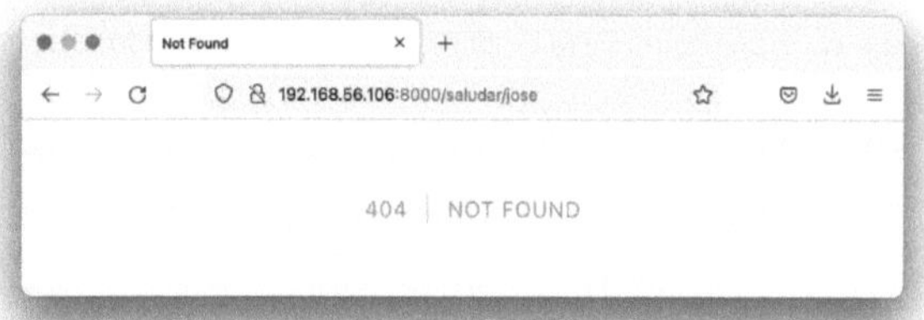

Esto lo resolvemos definiendo el segundo parámetro cómo opcional, y a la variable le daremos un valor por defecto

```
Route::get('saluda/{nombre}/{idioma?}',function($parametro01, $parametro02='español'){
   $nombre = $parametro01;
   $idioma = $parametro02;
   switch ($idioma) {
      case 'ingles':
         echo "HI ";
         echo strtoupper($nombre);
         break;
      case 'frances':
         echo "SALUT ";
         echo strtoupper($nombre);
         break;
      case 'aleman':
         echo "HALLO ";
         echo strtoupper($nombre);
         break;
      case 'español':
         echo "HOLA ";
         echo strtoupper($nombre);
         break;
   }
});
```

Hasta el momento todo lo hemos solucionado desde nuestro archivo web.php pero nuestro sistema seguirá creciendo, agregaremos la funcionalidad de pedir usuario y clave, con base en estas credenciales darle la bienvenida al usuario o indicarle que algo estuvo mal, para esto realizaremos un controlador, estos sirven para agrupar funcionalidades cómo en el ejemplo lo veremos y pueden surgir de dos orígenes, un caso de uso o el manejo de un modelo.

Parcialmente el caso de uso para entrar al sistema es:

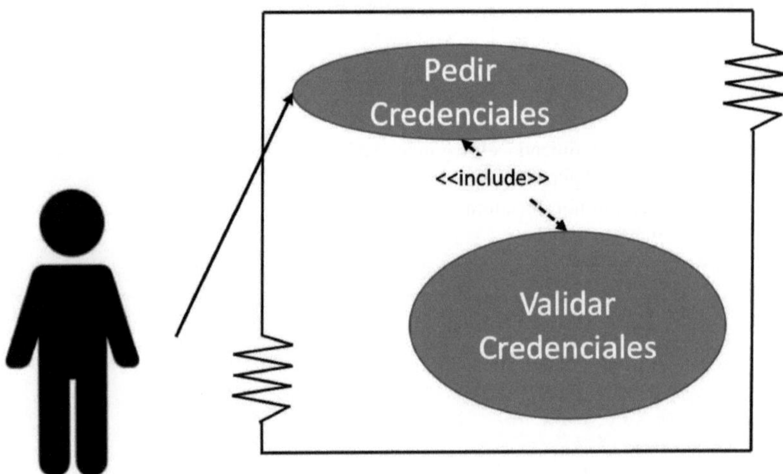

Así que crearemos el controlador llamado EntrarController (la convencion dice que el nombre sera en PascalCase y termine con la palabra Controller) por lo que usaremos el commando :

```
php artisan make:controller EntrarController
```

que nos genera el archivo EntrarController.php que contiene la clase EntrarController y se encuentra en la carpeta **Controllers** que es una sub carperta de **Http** que se encuentra en **app**, en esta clase crearemos los metodos pedirCredenciales, validarCredenciales y salir (todos estos estarán nombrados usando camel case[12]) y en estos métodos incluiremos el código que genere la funcionalidad deseada. De esta forma nuestro archivo web.php no tendrá más que la referencia del método que deseamos ejecutar cuando una ruta se cumpla

[12] Estilo de notación en el que para no usar espacios lo que se hace es que la primer letra de cada palabra se escriba en mayúsculas (todo lo demás en minúsculas) pero a diferencia de la pascalcase la primer letra del resultado será minúscula.

En lugar de usar varias líneas de código (cómo se realiza en las líneas 21 a la 40 que fue la ruta saludar que usamos en ejemplos anteriores) usamos unas cuantas líneas para las rutas de las líneas 51 y 52 pero a estas les agregaremos caracteristicas más adelante. (creamos las rutas productos y dashboard solo a forma de prueba).

```
20 Route::get('saludar/{nombre}/{idioma?}',function($parametro01, $parametro02='español'){
21     $nombre = $parametro01;
22     $idioma = $parametro02;
23     switch ($idioma) {
24         case 'ingles':
25             echo "HI ";
26             echo strtoupper($nombre);
27             break;
28         case 'frances':
29             echo "SALUT ";
30             echo strtoupper($nombre);
31             break;
32         case 'aleman':
33             echo "HALLO ";
34             echo strtoupper($nombre);
35             break;
36         case 'español':
37             echo "HOLA ";
38             echo strtoupper($nombre);
39             break;
40     }
41 });
42
43 Route::get('dashboard', function () {
44     echo "dashoard del administrador";
45 });
46
47 Route::get('productos', function () {
48     echo "mostar productos al cliente";
49 });
50
51 Route::get('entrar',[\App\Http\Controllers\EntrarController::class,'pedirCredenciales']);
52 Route::post('entrar',[\App\Http\Controllers\EntrarController::class,'validarCredenciales']);
53
```

Podemos optimizar las líneas 51 y 52 con que al principio del archivo web.php incluyamos al controlador con un

```
1 <?php
2
3 use Illuminate\Support\Facades\Route;
4 use App\Http\Controllers\EntrarController;
5
```

```
48 Route::get('productos', function () {
49     echo "mostar productos al cliente";
50 });
51 Route::get('entrar',[EntrarController::class,'pedirCredenciales']);
52 Route::post('entrar',[EntrarController::class,'validarCredenciales']);
53
```

Algo que debemos comentar es que en LARAVEL a partir de la versión 8 el namespace de las rutas que el sistema usaba por defecto fue eliminado, en versiones anteriores podíamos definir la ruta de la línea 51 cómo

```
Route::get('entrar','EntrarController@pedirCredenciales');
```

Y en la version 8 sería

```
Route::get('entrar','App\Http\Controllers\EntrarController@pedirCredenciales');
```

Lo que en este momento está creciendo en código es el controlador, el cual explicaremos:

```
1   <?php
2
3   namespace App\Http\Controllers;
4
5   use Illuminate\Http\Request;
6
7   class EntrarController extends Controller
8   {
9       function pedirCredenciales(){
10          echo "<html><head><title>ENTRADA</title></head><body>";
11          echo "<form method='post'>usuario:<input type='text' name='usr'><br>";
12          echo "clave:<input type='password' name='pwd'><br>";
13          echo "<input type='submit' value='enviar'></form></body></html>";
14      }
15      function validarCredenciales(Request $request){
16          $usuario = $request->input('usr');
17          $password = $request->input('pwd');
18          // Revisar si el usuario introdujo la clave correcta.
19          if ($usuario == 'admin' && $password == 'nimda')
20              return redirect('dashboard');
21          if ($usuario == 'cliente' && $password == 'etneilc')
22              return redirect('productos');
23          return redirect()->back();
24      }
25  }
26
```

Lo que hemos agregado es desde la línea 9 a la 24, lo demás lo generó el comando make:controller

En la línea 9 creamos el método pedirCredenciales que con varias llamadas a la función echo de php imprimimos una pagina web con un formulario que captura el nombre de usuario (en una caja de texto llamada usr y la clave en una caja de texto de tipo password que se llama pwd), al formaulario le hemos asignado el metodo POST (recuerde lo que sabe de los verbos http) cómo no hemos asignado atributo acction el destino de los datos aquí adquiridos sera la misma ruta.

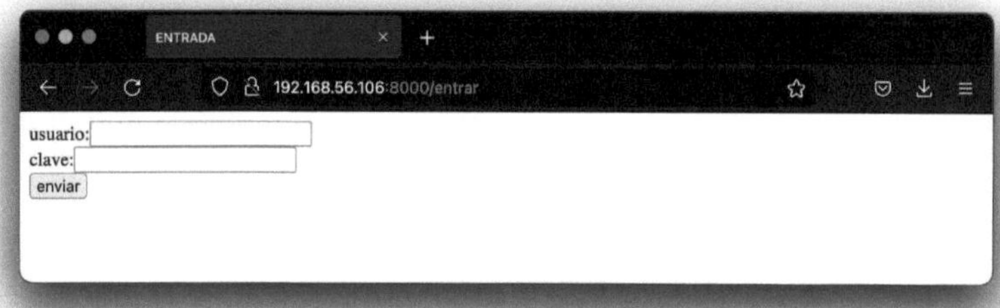

En este momento para que funcione el envio de datos por POST debemos comentar el uso del middleware VerifyCsrfToken en la clave web del arreglo middlewareGroups del archivo app/Http/Kernel.php

```
28      *
29      * @var array<string, array<int, class-string|string>>
30      */
31     protected $middlewareGroups = [
32         'web' => [
33             \App\Http\Middleware\EncryptCookies::class,
34             \Illuminate\Cookie\Middleware\AddQueuedCookiesToResponse::class,
35             \Illuminate\Session\Middleware\StartSession::class,
36             \Illuminate\View\Middleware\ShareErrorsFromSession::class,
37             //\App\Http\Middleware\VerifyCsrfToken::class,
38             \Illuminate\Routing\Middleware\SubstituteBindings::class,
39         ],
40
41         'api' => [
42             // \Laravel\Sanctum\Http\Middleware\EnsureFrontendRequestsAreStateful::class,
43             'throttle:api',
44             \Illuminate\Routing\Middleware\SubstituteBindings::class,
45         ],
46     ];
47
```

Esto lo haremos para que funcione por el momento el ejemplo, luego quitaremos este comentario que hemos incluido en la línea 37 (y más adelante explicaremos el uso de los middlewares por el nombre si tiene dudas puede investigar del ataque csrf y esta es una estrategia que LARAVEL implementa para evitarlo).

Es momento de explicar el método validarCredenciales que comienza en la línea 15 de nuestro archivo EntrarController, podemos observar que en la firma del método encontramos que recibe cómo parámetro el request (la solicitud que envía el cliente al servidor)[13] actual, con este podemos identificar el origen de la petición, así como las variables que vienen en ella.

Acto seguido en la línea 16 obtendremos lo que el usuario escribió en la caja de texto que se llama usr (similar lo que se hace en el código que le sigue, pero ahora lo hace con el input

[13] Recordemos que un cliente y un servidor web se comunican usando el http, y de forma simplificada diremos que el cliente envia peticiones (algun request) y recibe lo que seria un response que se identifica con un código de estado.

pwd), la lógica que usamos para validación es sumamente sencilla, si el usuario que se introdujo es llamado **admin** y con contraseña **nimda** le permitimos ver el dashboard (tablero) de la aplicación, de forma similar si el usuario se llama **cliente** y su contraseña es la palabra **etneilc** podrá ver la página de productos, por eso usamos la función redirect y a este le pasamos cómo parámetro la ruta a la que deseemos se dirija el sistema. Pero si no son correctas las credenciales que se introdujeron entonces el sistema será redirigido al paso anterior (recordemos que antes estábamos en el formulario de entrada).

Pero aún no hemos terminado, resulta que si bien ahora tenemos un archivo web.php que es entendible todo lo tenemos amontonado en el controlador y es momento en que usemos las vistas. Para esta no existe el comando make:view, son archivos que creamos y pueden ser scripts en php o en blade (este último es el sistema de plantillas que incluye LARAVEL), tiene un directorio en especial en el cual se guardaran y este es llamado **views** que se encuentra en la carpeta **resources** de nuestro proyecto.

Podemos decir que Blade es cómo php a HTML, si bien el segundo permite el uso de variables y estructuras de control (entre otras características) y el primero además agrega otras peculiaridades, por ejemplo, sanitización de datos (usa la función htmlspecialchars de php para prevenir un ataque de xss, si usted desea imprimir una variable tal cómo viene puede usar {!! $variable !!}), así como otras directivas (en los ciclos tiene usted acceso a la variable $loop que le da información de las iteraciones) y otras características más.

En este momento podemos definir la vista que se llame pedir (en realidad es crear un archivo php que se llame pedir.php que después convertiremos en pedir.blade.php) que se encuentre dentro de la carpeta views, en este archivo escribiremos lo que sería una página html que pida los dos campos, en sí el antiguo contenido del método pedirCredenciales ya que este ahora solo regresara la instrucción de cargar esta vista.

```
function pedirCredenciales(){
    return view('pedir');
}
```

```
<!DOCTYPE html>
<html lang="es">
<head>
    <meta charset="UTF-8">
    <meta http-equiv="X-UA-Compatible" content="IE=edge">
    <meta name="viewport" content="width=device-width, initial-scale=1.0">
    <title>Document</title>
</head>
<body>
    <form method="post">
        usuario: <input type="text" name="usr"><br>
        clave: <input type="password" name="pwd"><br>
        <input type='submit' value='enviar'>
    </form>
</body>
</html>
```

Ilustración 1 Código del archivo pedir.php

El comportamiento del sistema sigue siendo el mismo, pero hemos logrado separar los elementos del programa, de forma que se cumpla con lo dicho de “zapatero a tus zapatos”, ahora podemos asignar las vistas a un diseñador (o a alguien que este especializado en UX/UI) y que sea otra persona la que trabaje en la programación (el código de la validación).

Pero las características que nos ofrece el framework son muchas y apenas las estamos conociendo, cómo antes mencione existe blade, y podemos definir que este es lo que php a html, y por eso en lugar de que el archivo pedir tenga la extensión php ahora será un archivo “.blade.php” (existe precedencia si existen varios archivos que se llamen igual pero que tienen extensiones diferentes una es html, otra php y otra es blade.php entonces la función view cargará el último tipo de archivo antes que el segundo y antes que el tercero.), si deseamos pasar alguna variable a la vista que definamos esto lo podemos hacer de varias formas, una de ellas es usar la función compact de php y entonces asignarla cómo parámetro a la vista.

Ahora nuestro método luciría así:

```
function pedirCredenciales(){
    $sistema = "EJEMPLO";
    return view('pedir', compact('sistema'));
}
```

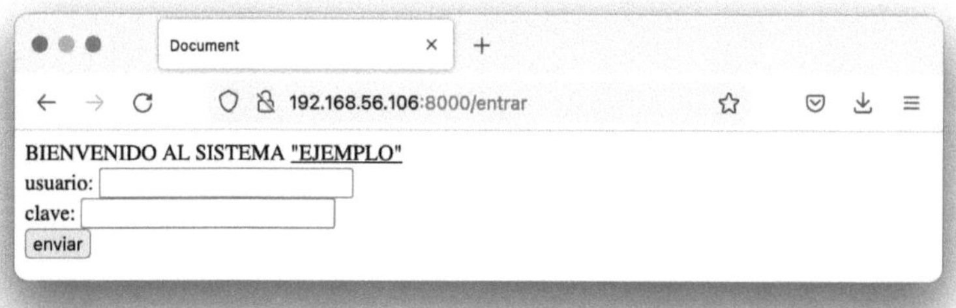

Y la vista quedó así:

```
<!DOCTYPE html>
<html lang="es">
<head>
    <meta charset="UTF-8">
    <meta http-equiv="X-UA-Compatible" content="IE=edge">
    <meta name="viewport" content="width=device-width, initial-scale=1.0">
    <title>Document</title>
</head>
<body>
    BIENVENIDO AL SISTEMA <u>"{{$sistema}}"</u>
    <form method="post">
        usuario: <input type="text" name="usr"><br>
        clave: <input type="password" name="pwd"><br>
        <input type='submit' value='enviar'>
    </form>
</body>
</html>
```

Otro aspecto que veremos serán los modelos, LARAVEL usa eloquent por lo que si corremos el comando **php artisan make:model Conocido** se genera el archivo Conocido.php en el sub directorio Models de la carpeta app (la convención marca que los nombres de los modelos serán en pascal case y en singular, realmente hacen mención a la entidad)

Pero cómo no usaremos bases de datos aún no necesitamos ni que herede de Model ni que use el trait [14] HasFactory por lo que podemos eliminar las referencias a estas clases y en su lugar pondremos:

```php
<?php
namespace App\Models;

class Conocido{
    public $id;
    public $nombre;
    static public function all(){
        return session('datos',[ ]);
    }
    public function save(){
        $datos = session('datos',[]);
        $datos[$this->id]=$this->nombre;
        session(['datos' => $datos]);
        return true;
    }
    static public function  find($id){
        $datos = session('datos',[]);
        if(isset($datos[$id])){
            $nuevo = new Conocido();
            $nuevo->id = $id;
            $nuevo->nombre = $datos[$id];
            return $nuevo;
        }else{
            return null;
        }
    }
    static public function delete($id){
        $datos = session('datos',[]);
        unset($datos[$id]);
        session(['datos' => $datos]);
    }
}
```

Normalmente los modelos se encargan de guardar en la base de datos, todo aquello que requerimos para el desarrollo de la aplicación, cómo nosotros aun no haremos uso de la base de datos para guardar en un almacenamiento semi persistente usaremos una sesión (que es un archivo que existe en el servidor mientras permanecemos con una conexión activa usando el sistema.

Estamos definiendo la clase conocido que contendrá dos atributos uno para el identificador y otro para el nombre. Creamos varios métodos, el primero que es estático (es decir que este método pertenece a la clase en si no a la instancia por lo que es posible usarlo sin tener un objeto de este tipo), este método lo que hace es tomar la variable que se llame datos que se encuentre en el archivo de sesión y si no hay nada entonces devolverá un arreglo vacío.

Tenemos la función **save** qué si es un método de instancia, es decir que trabaja con los datos que están en el ejemplar activo, lo que hace es que los datos actuales del conocido con quien se está trabajando serán guardados en el arreglo de la sesión, para esto primeramente se toman todos los datos que están guardados, se actualiza el elemento del arreglo que actualmente se está trabajando con el valor en memoria y ya actualizado el arreglo se guarda de nuevo en la sesión.

[14] Una estrategia de php para permitir la herencia múltiple similar a la implementación de una interfaz, da a un atributo o método la posibilidad de ejecutarse en el contexto de clase no en el de instancia, es decir que permite realizar cambios pero a nivel genérico, no especifico.

La siguiente función que analizaremos es **find**, esta también es estática y lo que hace es que recibe por parámetro el identificador del recurso con el que deseamos trabajar para retornar un valor nulo cuando no se encuentra o regresar un objeto que contenga los datos recuperados desde la sesión. Tenemos finalmente una función estática y se llama delete, recibe el identificador del recurso sobre el que deseamos actuar, y la elimina.

La implementación anterior es solo para que introduzcamos el concepto de modelo y para interactuar con éste en nuestro código haremos uso de la clase, para probarla usaremos una herramienta incluida con laravel, esta es Tinker (una línea de comandos que interpreta código php y tiene acceso a los archivos del proyecto), para su uso el comando que utilizaremos es

```
php artisan tinker
```

```
Psy Shell v0.11.8 (PHP 8.0.5 — cli) by Justin Hileman
>>> Conocido::all()
[!] Aliasing 'Conocido' to 'App\Models\Conocido' for this Tinker session.
=> []

>>> $nuevo = new Conocido()
=> App\Models\Conocido {#4587
     +id: null,
     +nombre: null,
   }

>>> $nuevo->id = 1
=> 1

>>> $nuevo->nombre = "Juan"
=> "Juan"

>>> $nuevo->save()
=> true

>>> Conocido::all()
ç=> [
     1 => "Juan",
   ]

>>> Conocido::find(1)
=> App\Models\Conocido {#4585
     +id: 1,
     +nombre: "Juan",
   }

>>> $encontrado = Conocido::find(1)
=> App\Models\Conocido {#4590
     +id: 1,
     +nombre: "Juan",
   }

>>> $encontrado->nombre = "Pedro"
=> "Pedro"

>>> $encontrado->save()
=> true

>>> Conocido::all()
=> [
     1 => "Pedro",
   ]

>>> exit
Exit:  Goodbye
```

Recordemos que Tinker es un intérprete por lo que no necesita que concluyan las líneas con un ; y que nos muestra el resultado de la sentencia que ejecutemos con enter.

Otro concepto que veremos será un middleware, conoceremos su uso y creación. Primeramente, veamos a este cómo un filtro que inspeccionara cada una de las peticiones que un cliente envía al servidor, si en la el middleware se cumplen ciertas condiciones entonces se podra continuar con la petición, pero si no encontes podrá llevarse a cabo alguna otra acción.

Esta funcionalidad la podemos usar en varias circunstancias por ejemplo cuando deseamos que se pueda usar el sistema en cierta región o en cierto horario (dentro de los datos que tiene una petición se encuentran la dirección de origen y la hora en que se realiza), podemos revisar otros factores cómo la existencia o no de alguna circunstancia (en este revisaremos la existencia de una variable en la sesión), primeramente para crearlo usaremos el comando

```
php artisan make:middleware RevisarVariableDeSession
```

con esto se crea el archivo RevisarVariableDeSession.php en la subcarpeta Middleware en el directorio Http dentro de la carpeta app

y su contendió es el siguiente:

```
<?php

namespace App\Http\Middleware;

use Closure;
use Illuminate\Http\Request;

class RevisarVariableDeSession
{
    /**
     * Handle an incoming request.
     *
     * @param  \Illuminate\Http\Request  $request
     * @param  \Closure(\Illuminate\Http\Request): (\Illuminate\Http\Response|\Illuminate\Http\RedirectResponse)  $next
     * @return \Illuminate\Http\Response|\Illuminate\Http\RedirectResponse
     */
    public function handle(Request $request, Closure $next)
    {
        return $next($request);
    }
}
```

Si revisamos es una clase pero tiene un método que se llama handle que recibe a la petición y por defecto regresa una llamada al método next pasándole por parámetro la petición que recibimos, ahora en ella implementaremos la lógica de que si no existe la variable datos en la sesión regresaremos al inicio.

```
public function handle(Request $request, Closure $next)
{
    $datos = session('datos', null);
    if(is_null($datos)) return redirect('/');
    return $next($request);
}
```

Para que este middleware revise todas las peticiones que se realizan en nuestro sistema web (cuando navegemos en el) debmos darlo de alta (el lector debe recordar que en el archivo Kernel.php que se encuentra en Http se comento el código para que no usara el VerifyCsrfToken) por lo que en el arreglo routeMiddleware (unas líneas después) agregaremos la referencia a la clase que acabamos de crear, y tambien le asignaremos un nombre

```

    /**
     * The application's route middleware.
     *
     * These middleware may be assigned to groups or used individually.
     *
     * @var array<string, class-string|string>
     */
    protected $routeMiddleware = [
        'auth' => \App\Http\Middleware\Authenticate::class,
        'auth.basic' => \Illuminate\Auth\Middleware\AuthenticateWithBasicAuth::class,
        'auth.session' => \Illuminate\Session\Middleware\AuthenticateSession::class,
        'cache.headers' => \Illuminate\Http\Middleware\SetCacheHeaders::class,
        'can' => \Illuminate\Auth\Middleware\Authorize::class,
        'guest' => \App\Http\Middleware\RedirectIfAuthenticated::class,
        'password.confirm' => \Illuminate\Auth\Middleware\RequirePassword::class,
        'signed' => \App\Http\Middleware\ValidateSignature::class,
        'throttle' => \Illuminate\Routing\Middleware\ThrottleRequests::class,
        'verified' => \Illuminate\Auth\Middleware\EnsureEmailIsVerified::class,
        'revisar' => \App\Http\Middleware\RevisarVariableDeSession::class,
    ];
}

```

Ahora cuando declaremos una ruta en nuestro archivo web.php, a esta le podremos filtrar su acceso con el middleware revisar

```
Route::get('conocidos',[                    ConocidoController::class,'index'])-
>middleware('revisar');
```

Por ultimo antes de incursionar en más caracteristicas específicas de la programación con LARAVEL conoceremos un concepto que es el ORM (Object–relational mapping) es una tecnica en la que todos los elementos de una base de datos se corresponden a un objeto. De esta forma cuando programamos (orientado a objetos) podemos interactuar con las tablas de nuestro gestor.

Laravel usa el ORM que se llama ELOQUENT, cómo vimos antes cuando creamos un modelo con el comando **php artisan make:model** se crea una una clase que hereda de Model, por lo que estamos creando una entidad y representara a una tabla de nuestra base de datos y todos los atributos de esta clase representaran a los atributos que tiene esa tabla, al igual que la clave y llaves foraneas (en este momento ELOQUENT no soporta el uso de superllaves)

En el ejercicio anterior creamos metodos cómo save(), ya que la clase Model tambien lo proporciona .

3.- Los archivos de configuración

Laravel es un framework que privilegia las convenciones sobre la configuración, es decir que si se da a los elementos los nombres establecidos o incluirlos en la posición que se pre dijo las cosas funcionaran sin necesidad de configurar algo, pero no por esto es imposible configurar el comportamiento de las partes del framework, en el libro pasado conocimos el archivo .env (recuerde este no se instala con el framework, se debe crear) y en él se encuentran las variables de entorno para que nuestra aplicación funcione cómo deseamos (dentro de este archivo encontraremos varias líneas de la forma VARIABLE=valor (cada variable en una línea diferente cómo se muestra en la figura 1) son usadas en diversos archivos de configuración (incluidos dentro de la carpeta config) en ella encontraremos por ejemplo el fichero database.php (en el que se escribe la configuración de cómo el framework interactuara con el DBMS), por ejemplo en él se encuentra

```
'default' => env('DB_CONNECTION', 'mysql'),
```

Solo para explicar el código anterior, el operador => lo podemos encontrar en la sintaxis de asignación de los arreglos en los que especificamos el valor que tendrá un índice, en el archivo .env se puede establecer que el tipo de conexión a usar sea otro (LARAVEL por defecto acepta que las conexiones sean con el controlador sqlite, mysql, pgsql o sqlsrv, estos son los controladores que el framework tiene incluidos pero se pueden agregar otros más) entonces cuando el framework lea el archivo de configuración database.php obtendra un arreglo en el que el índice llamado default tenga el valor que se establecido en el .env (todos los archivos de configuración regresan un arreglo esto lo puede confirmar porque todos estos inician con return [ )

Una llamada a la funcion env no solo la veremos en el archivo de configuración de la base de datos, también en otros más, por ejemplo en app.php, broadcasting.php, en cache.php, etc, lo que hace esta función es recibe dos parámetros, el primero es el nombre de una variable de entorno, el segundo es opcional y es el valor que retornara si no se encontrase al primera en el archivo de configuración .env, si no es especificado entonces retornará NULL.

```
APP_NAME=Laravel
APP_ENV=local
APP_KEY=base64:J4+e76SzOKL+dxqAk6KsRNEMLpARhYbZWG172h1ytlQ
APP_DEBUG=true
APP_URL=http://mio.net

LOG_CHANNEL=stack
LOG_DEPRECATIONS_CHANNEL=null
LOG_LEVEL=debug


DB_CONNECTION=mysql
DB_HOST=127.0.0.1
DB_PORT=3306
DB_DATABASE=s8a
DB_USERNAME=homestead
DB_PASSWORD=secret
```

Figura 1 Ejemplo de archivo .env

4.- Usando la base de datos

Cómo anteriormente se comentó el framework incorpora soporte para bases de datos del tipo SQLite, MySQL, pgsql o sqlsrv, por default trabaja con bases de datos del tipo MySQL por lo que requiere que se especifiquen el servidor, el puerto, el nombre de la base de datos y del usuario así como la contraseña, en la figura 1 podemos ver que los valores fueron para una conexión mysql fueron 127.0.0.1, 3306, s8a, homestead y secret, pero podríamos fácilmente cambiar a usar un sistema manejador de base de datos diferente por ejemplo uno muy simple que use un archivo (SQLite) y lo único que tendríamos es que escribir es:

```
DB_CONNECTION=sqlite
```

y ya no usaríamos las otras variables (host, port, databasename, username, password)

Esto lo que hará es que el framework busque un archivo llamado database.sqlite dentro de la carpeta database (cómo se ve en la figura 2)

Figura 2 Archivo para la base de datos

Si deseamos usar un archivo en especial para guardar nuestra base de datos podremos hacerlo con la variable `DB_DATABASE`, recuerde que se especifica el nombre del archivo y este estará en la raíz del proyecto.

No es necesario asignar un host en caso de SQLite puesto que es un sistema gestor de bases de datos que es mínimo y funciona dentro del host mismo, no lo hace en la arquitectura cliente-servidor.

5.- Creación de modelos

Ya en una publicación anterior mencionamos a los modelos, es momento de verlos más a fondo, haciendo uso del script artisan podemos crear uno usando el comando `php artisan make:model Docente`, esto crea el archivo Docente.php (con una clase que se llama Docente), recordemos que por convención (no es por regla puesto que si no la seguimos de todos modos se creará el archivo, pero tendremos que configurar más cosas) el nombre debe ser en singular y escrito en pascalcase[15].

```
<?php

namespace App\Models;

use Illuminate\Database\Eloquent\Factories\HasFactory;
use Illuminate\Database\Eloquent\Model;

class Docente extends Model
{
    use HasFactory;
}
```

[15] Esta es una convención de nombrado que indica que los identificadores deben escribirse en minúsculas a excepción de la primer letra de cada palabra que debe estar en mayúsculas, por ejemplo si definir una variable para contar la cantidad de carros azules podríamos llamar a esta CarrosAzules

Se crea una clase llamada `Docente` que hereda de la clase `Model` (esta última es una implementación del ORM[16] elocuent), por lo que la recién creada tiene acceso a métodos (estáticos o de instancia) que le dejan interactuar con el sistema gestor de base de datos que se haya definido (por defecto MySQL) y que no tendremos que preocuparnos por aspectos cómo conectar con el servidor de la base de datos, conocer las instrucciones para recuperar datos de éste o cómo eliminarlos; Si a una instancia le decimos ->save() se guardara su contenido en el almacenamiento persistente, en algunas ocasiones un cliente puede solicitar hacer un programa para utilizar sus datos, puede éste proporcionarnos las bases de datos, y será necesario adecuarnos a sus tablas.
Cuando creamos un modelo eloquent este espera que la tabla con la que interactúe estará nombrada snakecase[17] y es el plural al nombre del modelo, en este caso buscaría una tabla que se llame docentes pero supongamos que la escuela nos pide usar su catálogo de profesores, por lo que debemos adecuar nuestro código a la tabla que nos proporcionan.

```
mysql> desc profesor;
+---------------+-------------+------+-----+---------+-------+
| Field         | Type        | Null | Key | Default | Extra |
+---------------+-------------+------+-----+---------+-------+
| RFCsimple     | varchar(10) | NO   | PRI | NULL    |       |
| Nombre        | varchar(45) | YES  |     | NULL    |       |
| Apat          | varchar(45) | YES  |     | NULL    |       |
| Amat          | varchar(45) | YES  |     | NULL    |       |
| FechaIngreso  | varchar(45) | YES  |     | NULL    |       |
+---------------+-------------+------+-----+---------+-------+
5 rows in set (0.00 sec)
```

Figura 3 Tabla "profesor" que nos proporciona la escuela

lo siguiente que especificaremos es que la llave primaria no se llama "id" cómo eloquent esperaría es la columna RFCsimple (otra cosa que se espera es que el atributo llave sea de tipo entero y sea auto incremental), otro aspecto es que elocuent busca 2 campos uno llamado created_at y otro updated_at que guardan automáticamente la fecha y hora en que el registro fue creado y actualizado respectivamente y en nuestro caso si tenemos un campo que cumple con esto y es "FechaIngreso", al modelo también le configuraremos este campo.

```php
<?php

namespace App\Models;

use Illuminate\Database\Eloquent\Model;

class Docente extends Model
{
    protected $table="profesor";
    protected $primaryKey = 'RFCsimple';
```

[16] Esta es una forma de programar en la que todos los elementos de la base de datos se mapean a programación orientada a objetos

[17] Esta es una convención de nombrado que indica que los identificadores deben escribirse en minúsculas y todas las apariciones de espacios deben reemplazarse por guion bajo, por ejemplo si definir una variable para contar la cantidad de carros azules podríamos llamar a esta carros_azules

```
    public $incrementing = false;
    protected $keyType = 'string';
//    public $timestamps = false;
    const CREATED_AT = 'FechaIngreso';
    const UPDATED_AT = null;
}
```

Con todo esto hemos configurado el modelo anterior especificándole el nombre de la tabla que se usará, como ésta tiene un atributo llave que no se llama id lo especificamos también, y dado que este no es un entero auto incremental especificamos esto y que es de tipo cadena, cómo no se desea des habilitar el registro que eloquent hace no le decimos que no use esta característica (con la línea comentada) en su lugar le estamos especificando cual es el campo que tomara el lugar de created_at

Ahora usaremos la herramienta tinker (una línea de comandos que permite interpretar y ejecutar código en PHP) para ejecutar código LARAVEL (interpreta código PHP y cómo el framework se basa en este lenguaje también lo interpreta), el cual explicaremos:

Dentro de la carpeta del proyecto debemos ejecutar el comando `php artisan tinker`

```
Psy Shell v0.11.12 (PHP 8.2.1 — cli) by Justin Hileman
> App\Models\Docente::find('GUSJ');
= App\Models\Docente {#4683
    RFCsimple: "GUSJ",
    Nombre: "Jose",
    Apat: "Gutiérrez",
    Amat: "Suarez",
    FechaIngreso: "2020-04-15",
  }
```

Figura 4 Recuperar un registro de la tabla

Con este modelo podremos interactuar con la base de datos

```
> $nuevo = new App\Models\Docente();
= App\Models\Docente {#4679}

> $nuevo->RFCsimple="RAPK";
= "RAPK"

> $nuevo->nombre = "Karla";
= "Karla"

> $nuevo->Apat = "Rámirez"
= "Rámirez"

> $nuevo->Amat = "Pérez"
= "Pérez"

> $nuevo->save();
= true
```

Figura 5 Agregar un nuevo registro

Y en la base de datos tenemos

```
mysql> select * from profesor;
+-----------+--------+-----------+--------+--------------+
| RFCsimple | Nombre | Apat      | Amat   | FechaIngreso |
+-----------+--------+-----------+--------+--------------+
| GUSJ      | Jose   | Gutiérrez | Suarez | 2020-04-15   |
| RAPK      | Karla  | Rámirez   | Pérez  | 2023-04-04   |
+-----------+--------+-----------+--------+--------------+
2 rows in set (0.00 sec)
```

Pero si tenemos la oportunidad de crear la base de datos usaremos todas las herramientas que LARAVEL nos brinda para modelarla.

Si usamos el comando `php artisan help make:model` obtendremos un mensaje como el que se muestra a continuación:

```
Description:
  Create a new Eloquent model class

Usage:
  make:model [options] [--] <name>

Arguments:
  name                  The name of the model

Options:
  -a, --all             Generate a migration, seeder, factory, policy, resource controller, and form request classes for the model
  -c, --controller      Create a new controller for the model
  -f, --factory         Create a new factory for the model
      --force           Create the class even if the model already exists
  -m, --migration       Create a new migration file for the model
      --morph-pivot     Indicates if the generated model should be a custom polymorphic intermediate table model
      --policy          Create a new policy for the model
  -s, --seed            Create a new seeder for the model
  -p, --pivot           Indicates if the generated model should be a custom intermediate table model
  -r, --resource        Indicates if the generated controller should be a resource controller
      --api             Indicates if the generated controller should be an API resource controller
  -R, --requests        Create new form request classes and use them in the resource controller
      --test            Generate an accompanying PHPUnit test for the Model
      --pest            Generate an accompanying Pest test for the Model
  -h, --help            Display help for the given command. When no command is given display help for the list command
  -q, --quiet           Do not output any message
  -V, --version         Display this application version
      --ansi|--no-ansi  Force (or disable --no-ansi) ANSI output
  -n, --no-interaction  Do not ask any interactive question
      --env[=ENV]       The environment the command should run under
  -v|vv|vvv, --verbose  Increase the verbosity of messages: 1 for normal output, 2 for more verbose output and 3 for debug
```

Creando el controlado para un modelo

En la ayuda podemos ver las opciones que podemos usar con el comando, aun cuando lo más cómodo es usar la opción --all (uso las opciones en su forma larga ya que en la forma corta no todas tienen su equivalente) usaremos el comando `php artisan make:model --controller Docente` obtendremos un mensaje avisándonos que se crearon no solo el archivo Docente.php en la carpeta de los modelos, también el archivo DocenteController.php (recuerde que el nombre de un controlador puede provenir de un caso de uso o de un modelo) en la carpeta de controladores (este controlador está vacío y en el deberemos implementar los métodos que se usen para interactuar (la convención marca que todos los métodos deben estar en camelcase[18]), pero si lo que realizaremos serán las operaciones del CRUD [19]entonces en su lugar podemos usar la opción --resource que nos creará el código del controlador ya con los métodos index, create, store, show, edit, update, destroy, estos métodos requieren de implementación, pero se crea el "cascaron". Este controlador hace uso de una característica a la que el framework conoce como "Route Model Binding" es decir, por ejemplo, el método show cuya definición es:

```
    public function show(Docente $docente)
    {
    }
```

[18] Esta es una convención de nombrado que indica que los identificadores deben escribirse en minúsculas a excepción de la primer letra de cada palabra que no sea la primera, por ejemplo si se define un método que sea para medir la temperatura podríamos llamar a este medirLaTemperatura

[19] Son las acciones que se realizan sobre un almacenamiento persistente (común mente diremos sobre la base de datos), esto es un acrónimo de Create, Read, Update y Delete

Sera llamado cuando el usuario use la ruta siguiente (las declaraciones y paso de parámetros aun cuando ya lo tratamos en una edición pasada lo volveremos a explicar y nos extenderemos más)

```
Route::get('docentes/{docente?}/mostrar',[DocenteController::class, 'show']);
```

La ruta que se declaró anteriormente está definiendo que reacciona a solicitudes tipo get, ejecutará el método show de la clase DocenteController cuando la solicitud cumpla con el URI indicando el número de clave del docente. Gracias al "Route Model Binding" lo que hace el framework es que el parámetro (número de docente) será el id del modelo y entonces ejecuta Docente::find(docente), si la el id no existiese en la tabla regresa un error del tipo 404 puesto que es emplea a un FindOrFail,

Para esclarecer el ejemplo podríamos definir la siguiente ruta:

```
Route::get('presentar/{cual?}',[DocenteController::class, 'mostrar']);
```

En esta ruta se definine que el parámetro sea la variable cual y que se ejecutará el método mostrar, en su implementación tendremos que ejecutar la línea que busca el registro.

```
    public function mostrar($cual){
        $docente = Docente::findOrFail($cual);
        //código de la implementación
    }
```

Para que el "Route Model Binding" funcione debemos de llamar al parámetro cómo la entidad y en minúsculas.

Creando una migración para un modelo

La siguiente opción que abordaremos es –migration, las migraciones son un símil al DDL de SQL [20] ya que en estas podemos describir las tablas, la convención establece que las tablas y campos de las bases de se nombraran usando snakecase, si usamos el comando `php artisan make:model –migration Docente` además de crear el modelo se originará un archivo dentro de la sub carpeta de migrations de la carpeta database, esta estará en un archivo cuyo nombre será de la forma <fecha><acción>.php, el nombre del archivo indica el momento en que se está creando la migración y la acción que esta realiza, en este ejemplo se tiene un archivo que se llama 2023_04_02_011600_create_docentes_table.php, en esta ocasión vemos que no respeta que el nombre del archivo sea el nombre de la clase puesto que se genera una clase anónima que contiene dos métodos, **up** para el momento en que se ejecutan las migraciones y **down** para deshacer los cambios que estas realicen.

Por lo general estas se usaran para crear tablas por eso el nombre, se usa la clase Scheme que representa al esquema de la base de datos, tenemos la llamada a la función `create` cuya acción es igual a un CREATE TABLE de SQL, en ella en lugar se indican tanto el nombre de la tabla a crear cómo los campos que contendrá, por defecto cuando se crea una migración se cuenta con dos funciones una es id que indica que se cree un campo que se llame id sea un entero sin signo e incremental (por convención el nombre del atributo clave de una tabla

[20] El lenguaje structurado de consultas tiene 5 tipos de comandos (DDL, DML, DCL, TCL, DQL), el primero (Data Definition Language) agrupa aquellos que permiten definir la estructura de las tablas, las características de los tablas y campos (CREATE, ALTER, DROP, TRUNCATE, RENAME).

eloquent lo buscara cómo id y en el caso de las claves foráneas el nombre se formaran con el nombre de la entidad a la que hacen referencia seguidos de la palabra id (tome en cuenta varios aspectos, primeramente que usamos el nomrbe de la entidad no el de la tabla, otro es que por convención todos los nombres de los atributos están en snake case) y tenemos también el llamado a la función timestamps que lo que hace es indicar que se deben crear los campos created_at y updated_at ambos de timpo timestapm y que por default guardaran el momento en que un registro sea creado o actualizado.

```
    public function up()
    {
        Schema::create('docentes', function (Blueprint $table) {
            $table->id();
            $table->string("nombre");
            $table->string("apellido_paterno");
            $table->date("fecha_contratacion");
        });
    }
```

Podemos hacer modificaciones en tablas ya creadas, por ejemplo en la tabla docentes craremos una migracion para agregar un campo para el apellido paterno, entonces usaremos el comando `php artisan make:migration agregar_campo_para_apellido_paterno_al_docente --table=docentes`, de la misma forma se crea un archivo y contiene dos métodos, en el **up** pondremos:

```
    public function up()
    {
        Schema::table('docentes', function (Blueprint $table) {
            $table->string("apellido_materno")->after('apellido_paterno');
        });
    }
```

El metodo afeter le asigna que el nuevo campo debe estar despues del campo `apellido_paterno` de lo contrario se creara despues de `fecha_contratacion`

Agregando datos para un modelo

Otra opción es --seed (no usaremos los --factory) aun cuando ambos permiten crear registros en la base de datos la diferencia entre los seeders y los factories es que los segundos agregan registros con valores aleatorios mientras en los primeros los valores son los predefinidos por el programador. Si usamos el comando `php artisan make:model –seed Docente` también creara el archivo DocenteSeeder.php en la sub carpeta seeders de la carpeta datbase, dentro de la clase creada encontraremos un método run, que será el que se ejecute cuando corramos los seeders, aquí se escribirá el código con el que agregamos nuevos docentes.

```
    public function run()
    {
        $docente = new Docente();
        $docente->nombre = "Juan";
        $docente->apellido_paterno = "López";
        $docente->apellido_materno = "Rodríguez";
        $docente->save();
        $docente = new Docente();
        $docente->nombre = "Ana";
        $docente->apellido_paterno = "Pérez";
        $docente->apellido_materno = "Ruíz";
        $docente->save();
        $docente = new Docente();
        $docente->nombre = "Ricardo";
```

```
        $docente->apellido_paterno = "López";
        $docente->apellido_materno = "Hernández";
        $docente->save();
        $docente = new Docente();
        $docente->nombre = "Laura";
        $docente->apellido_paterno = "Perez";
        $docente->apellido_materno = "Sarmiento";
        $docente->save();
    }
```

Pero en la calse `DatabaseSeeder` dentro del método run debemos llamar a la clase `DocenteSeeder`, esto lo hacemos con el siguiente código:

```
    public function run()
    {
        $this->call(DocenteSeeder::class);
        // \App\Models\User::factory(10)->create();

        // \App\Models\User::factory()->create([
        //     'name' => 'Test User',
        //     'email' => 'test@example.com',
        // ]);
    }
```

Por el momento veremos solo estas opciones del comando make:model, crearemos la base de datos con para las tablas docentes y materias, ahora veremos las relaciones que se pueden tener entre modelos.

4.- Relaciones entre modelos

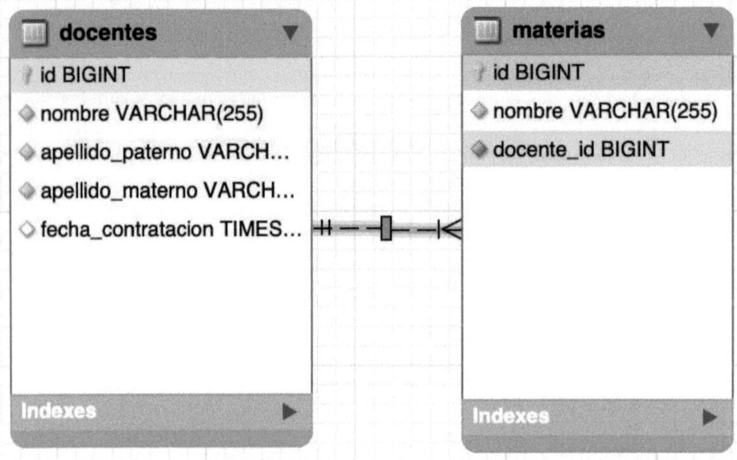

Ya hemos comentado cómo crear las migraciones y configurar el modelo del Docente, ahora crearemos la entidad Materia, cómo la convención lo pide el campo clave para cada tabla se llame id, sea auto incremental y un entero (entero grande) sin signo, la tabla de materias contará con un campo que será llave foránea por lo que su nombre es docente_id puesto que hace referencia al campo id de la entidad docente y está nombrado en snakecase), los campos, la migración para esta entidad serán:

```
Schema::create('materias', function (Blueprint $table) {
    $table->id();
    $table->string("nombre");
    $table->unsignedBigInteger("docente_id");
    $table->foreign("docente_id", "fk_docente")
            ->on("docentes")
            ->references("id");
});
```

En la creación estamos agregando un entero grande sin signo (puesto que debe ser de mismo tipo que el campo al que hacen referencia y los campos llave generados por la función id() son de este tipo, otro método que podríamos juzgar cómo nuevo es el `foreign` que permite establecer una llave foránea a la cual le debemos indicar a que tabla hará referencia y el campo con el que se igualará.

El nombre fk_docente es el que se asignara al índice que se crea para una llave foránea. recuerde que se pueden crear índices para uno o más campos.

Hemos creado el seeder y configurado el modelo para no usar los timestapms, los registros que en la tabla tenemos son los siguientes:

```
mysql> select * from materias;
+----+------------------------------+------------+
| id | nombre                       | docente_id |
+----+------------------------------+------------+
|  1 | Redes                        |          1 |
|  2 | Programacion                 |          2 |
|  3 | Fundamentos de Base de datos |          3 |
+----+------------------------------+------------+
3 rows in set (0.00 sec)
```

Es momento ahora de configurar las relaciones en los modelos, esto lo haremos creando métodos (que por convención se nombraran cómo lo que esperamos obtener) y en ellos devolveremos a los objetos relacionados.

Relaciones de uno a uno

Ahora será momento de configurar las relaciones entre modelos, la más sencilla y primera que veremos es la de uno a uno, que en este caso se dice que el modelo docente tiene una materia, la relación es `hasOne`, si seguimos las convenciones la configuración de las relationships será casi nula, sin ser necesario especificar nombres de tablas o modelos o claves, u otros datos de forma extra.

En el modelo del Docente crearemos el método

```
    public function materia(){
        return $this->hasOne("App\Models\Materia");
    }
```

Si en nuestros modelos involucrados no hubiésemos respetado las convenciones sería necesario especificar las llaves foráneas y locales, recordemos que el método `materia` es creado en el modelo `Docente`) es docente_id y que hace referencia al campo `id` del modelo `Materia`

```
    public function materia(){
        return $this->hasOne("App\Models\Materia",'docente_id','id');
    }
```

```
Psy Shell v0.11.12 (PHP 8.2.1 — cli) by Justin Hileman
> Docente::find(1)->materia
[!] Aliasing 'Docente' to 'App\Models\Docente' for this Tinker session.
= App\Models\Materia {#4687
    id: 1,
    nombre: "Redes",
    docente_id: 1,
  }
```

Figura 6 Comprobación del método materia

A fondo la realcion hasOne

```
Psy Shell v0.11.12 (PHP 8.2.1 — cli) by Justin Hileman
> Docente::find(1)->materia
[!] Aliasing 'Docente' to 'App\Models\Docente' for this Tinker session.
= App\Models\Materia {#4687
    id: 1,
    nombre: "Redes",
    docente_id: 1,
  }

> Docente::find(1)->materia()
= Illuminate\Database\Eloquent\Relations\HasOne {#4690}

> Docente::find(1)->materia()->first()
= App\Models\Materia {#4695
    id: 1,
    nombre: "Redes",
    docente_id: 1,
  }
```

Figura 7 En realidad existe el método materia no el atributo (la propiedad)

Explicando a detalle, todos estos métodos regresan un objeto de tipo relación, pero php tiene unos métodos conocidos cómo métodos mágicos, cuando intentamos acceder a la propiedad materia que en realidad no existe, lo que declaramos es la función materia, se ejecuta ésta y regresa un objeto de tipo relación, el cual al ejecutarlo podemos obtener el resultado.

Si lo anterior lo hacemos sobre el docente 4 (que no está asociado a ninguna materia) el resultado será `null`, pero una característica de la clase hasOne es que podemos establecer un valor default para el resultado cuando ese sea nulo, entonces debemos modificar el código del método:

```
public function materia(){
    return $this->hasOne("App\Models\Materia")
    ->withDefault(
        [
            "nombre" => "Sin materia",
            "id" => 0,
        ]
    );
}
```

Para probar esta nueva modificación haremos uso de la herramienta tinker (este es un intérprete que necesita recargarse para tomar modificaciones, si está haciendo pruebas y está usando la herramienta debe salir de ella con el comando exit y cargarla de nuevo)

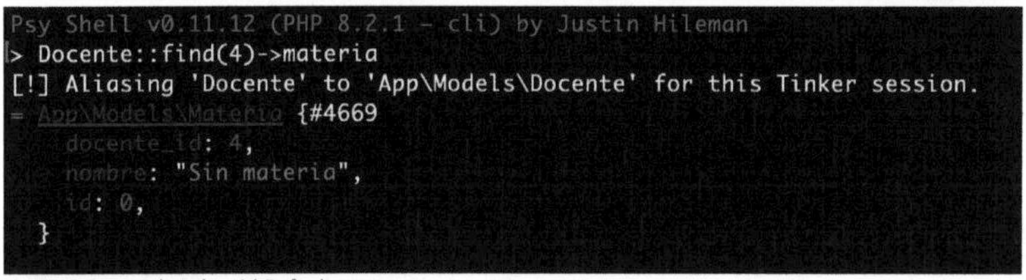

```
Psy Shell v0.11.12 (PHP 8.2.1 — cli) by Justin Hileman
> Docente::find(4)->materia
[!] Aliasing 'Docente' to 'App\Models\Docente' for this Tinker session.
= App\Models\Materia {#4669
    docente_id: 4,
    nombre: "Sin materia",
    id: 0,
  }
```

Figura 8 Comprobando withDefault

Inverso de la realacion

El inverso de la relación hasOne es belongsTo por lo que modificaremos el modelo Materia para incluir un método docente (si antes se demostró que un docente tiene una materia ahora el inverso nos dice que una materia le pertenece a un docente) :

```
public function docente(){
    return $this->belongsTo('App\Models\Docente');
}
```

Si no se respetan las convenciones debemos especificar los nombres de los atributos claves, pero también la convención indica que el nombre del método debe ser el nombre de la entidad que se espera obtener

```
public function maestro(){
    return $this->belongsTo('App\Models\Docente','docente_id', 'id') ;
}
```

```
Psy Shell v0.11.12 (PHP 8.2.1 — cli) by Justin Hileman
> Materia::find(1)
[!] Aliasing 'Materia' to 'App\Models\Materia' for this Tinker session.
= App\Models\Materia {#4683
    id: 1,
    nombre: "Redes",
    docente_id: 1,
  }

> Materia::find(1)->docente
= App\Models\Docente {#4686
    id: 1,
    nombre: "Juan",
    apellido_paterno: "López",
    apellido_materno: "Rodríguez",
    fecha_contratacion: "2023-04-06",
  }
```

Figura 9 Comprobación del inverso

A fondo la relación belongsTo

Recordemos que llamar al método nos regresa un objeto del tipo relación el cual se ejecuta, pero también existe el método toSql que nos permite conocer la consulta a ejecutar.

```
> Materia::find(1)->docente()
= Illuminate\Database\Eloquent\Relations\BelongsTo {#4692}

> Materia::find(1)->docente()->toSql()
= "select * from `docentes` where `docentes`.`id` = ?"
```

Ese signo de interrogación tiene que ver con "bindig parameters" en consultas SQL de php, si desea investigar al respecto.

Relaciones de uno a muchos

Fácilmente podemos implementar una relación del tipo uno a muchos, usaremos la misma estructurá, pero tendremos diferentes datos:

```
mysql> select * from materias;
+----+------------------------------------+------------+
| id | nombre                             | docente_id |
+----+------------------------------------+------------+
|  1 | Redes                              |          1 |
|  2 | Conmutación                        |          1 |
|  3 | Programación                       |          2 |
|  4 | Programación Web                   |          2 |
|  5 | Fundamentos de Bases de datos      |          3 |
|  6 | Taller Bases de datos              |          3 |
|  7 | Administracion de Bases de datos   |          3 |
|  8 | Optativa                           |       NULL |
+----+------------------------------------+------------+
8 rows in set (0.00 sec)
```

Ahora el modelo Docente tendrá un método materias que deberá devolver la lista de materias en las que esta referenciado un docente, si este no tiene materias asignadas la respuesta será una colección vacía (los métodos deben tener un nombre que semánticamente indique lo que esperamos obtener)

```
    public function materias(){
        return $this->hasMany("App\Models\Materia");
    }
```

```
Psy Shell v0.11.12 (PHP 8.2.1 — cli) by Justin Hileman
> Docente::find(2)->materias
[!] Aliasing 'Docente' to 'App\Models\Docente' for this Tinker session.
= Illuminate\Database\Eloquent\Collection {#4686
    all: [
      App\Models\Materia {#4689
        id: 3,
        nombre: "Programacion",
        docente_id: 2,
      },
      App\Models\Materia {#4690
        id: 4,
        nombre: "Programación Web",
        docente_id: 2,
      },
    ],
  }
```

Podemos seguir usando la relación belongsTo (que usamos en el método docente) que es el inverso tambien, puesto que si se expreso que un Docente tiene varias Materias entenderemos que a la inversa una materia pertenece a un docente.

Relaciones de muchos a muchos

Cuando tenemos una relación de muchos a muchos esta se rompe en dos relaciones de uno a muchos, la solución es crear una tabla intermedia a esta tabla se le conoce como una tabla pivote con la cual podemos saber las materias en que está inscrito un estudiante y viceversa los estudiantes que están inscritos en determinada materia. y recordando que por convención las tablas de la base de datos se nombran en snakecase, otra convención en este caso sería que las tablas pivote llevan el nombre de las entidades involucradas en orden alfabético ascendente.

Agregaremos una entidad más a nuestro ejemplo esta será la de Estudiante y en la inscripción existe una relación de muchos a muchos (muchos estudiantes se inscriben en muchas materias), para esto creamos la entidad Estudiante y crearemos varios registros.

Figura 10 Esquema de una realcion muchos a muchos

Opcionalmente crearemos el modelo `Inscripcion` pero usaremos la opción --pivot, con esto crearemos un modelo pero este no hace herencia de la clase `Model` sino usa la clase `Pivot` (esta segunda hereda de la primera pero implementa varios métodos más)

Al ser pivote no sigue la convención de que el nombre de la tabla sea el del modelo en plural y en minúsculas pero si permite sobre escribirlo usando la variable protegida con el nombre de la tabla por eso crearemos la tabla estudiante_materia por lo que también crearemos la migración (será necesario hacer algunos cambios puesto que si usamos el comando php artisan make:model –pivot --migration Inscripcion la tabla que se crea en la migración se llama inscripcion:

```
Schema::create('estudiante_materia', function (Blueprint $table) {
    $table->id();
    $table->unsignedBigInteger("estudiante_id");
    $table->unsignedBigInteger("materia_id");
    $table->float("promedio")->nullable()->default(null);
    $table->foreign("estudiante_id","fk_estudiante")
    ->on("estudiantes")
    ->references("id");
    $table->foreign("materia_id","fk_materia")
    ->on("materias")
    ->references("id");
    $table->timestamps();
});
```

Los pivotes no siempre tienen otros datos aparte de las llaves foráneas.

Hugo y Luis estarán inscritos en la materia de Redes, Paco y Juan lo harán en Fundamentos de Bases de datos y todos los estudiantes estarán tomarán Programación (pero al último le asignaremos un promedio de 80, esto lo hacemos para un uso futuro).

Si revisamos el modelo veremos que la relación de muchos a muchos se rompió en dos relaciones de uno a muchos y podremos modificar los modelos, En el modelo Estudiante creamos el método materias:

```
public function materias(){
    return $this->belongsToMany(Materia::class);
}
```

y en el modelo Materia creamos el método Materia:

```
public function estudiantes(){
    return $this->belongsToMany(Estudiante::class);
}
```

Si observamos no es necesario escribir el nombre de la tabla puesto que por convención la que se busca exista se llama `estudiante_materia` pero si no la hemos respetado cómo segundo parámetro deberíamos indicarla, un método que existe es `withPivot` el cual permite especificar si deseamos algun campo en especial en el pivote, ya que sin el lo que se regresa es una lista de objetos y dentro de cada uno de ellos se tiene un atributo que se llama pivot el cual contiene las llaves foráneas, por lo que la para un uso futuro la primer relación quedaría cómo:

```
public function materias(){
    return $this->belongsToMany(Materia::class)->withPivot('promedio');
}
```

Relaciones de tipo a través

Tenemos métodos `hasOneThrough` y `hasManyThrough`, ambos permiten obtener el o los registros relacionados a través de una tabla (pero recibe un modelo intermedio)

Para este ejemplo se ha introducido una nueva entidad, la de los contenidos temáticos, esta entidad tiene una relación con materias (en este caso es de uno a uno) pero al estar relacionada la entidad docente con materia se tiene de forma transitiva que el docente está relacionado con el contenido, por lo tanto podemos saber que contenidos deberá cubrir un docente en especifico.

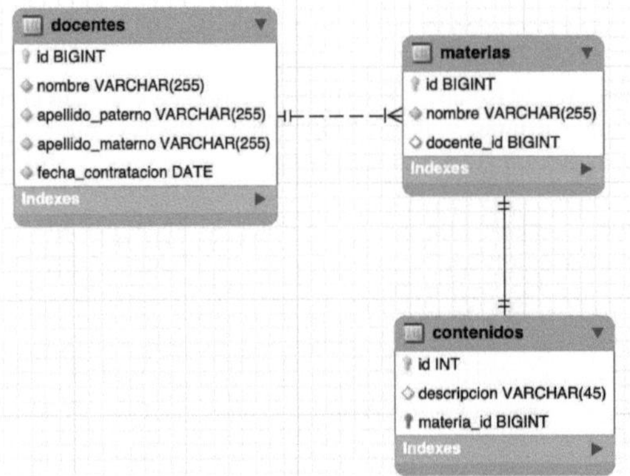

Para implementar esto debemos crear un método llamado contenidos (comentábamos que es por convención no por regla que debemos nombrar de cierta forma los métodos que implementan relaciones) que nos regrese un objeto `hasOneThrough` que dependiendo el contexto pudiese ser un `hasManyThrough` puesto que su configuración es similar.

```
    public function contenidos(){
        return $this->hasOneThrough(
                Contenido::class,
                Materia::class
            );
    }
```

Haremos uso de nuevo del comando php artisan tinker para comprobar el funcionamiento antes establecido:

```
Psy Shell v0.11.12 (PHP 8.2.1 — cli) by Justin Hileman
> Docente::find(1)->contenidos
[!] Aliasing 'Docente' to 'App\Models\Docente' for this Tinker session.
= App\Models\Contenido {#4686
    id: 1,
    descripcion: """
      1.- Introducción a redes de datos. \n
              2.- Normas y estándares de redes de datos.\n
              3.- Dispositivos de red.
      """,
    materia_id: 1,
    created_at: "2023-04-10 01:03:01",
    updated_at: "2023-04-10 01:03:01",
    laravel_through_key: 1,
  }
```

Figura 11 Comprobación del método hasOneThrough

Existen también las relaciones polimorificas de las cuales en este escrito no hablaremos.

Emular ciertos tipos de relaciones modificando los parámetros

Pudiésemos encontrarnos con un diseño de base de datos heredado (es decir que no lo realizamos nosotros) y por lo tanto debemos configurar principalmente nuestros modelos, configurando nuestros métodos de relaciones es posible obtener ciertos resultados aun cuando usemos otras funciones, a lo que se refiere esto es que podemos obtener el resultado de un tipo de relación usando una función de otro tipo simplemente agregando los parámetros adecuados.

Por ejemplo:

```
public function materia(){
    return $this->hasOne("App\Models\Materia");
}
```

Configurando:

```
public function materia(){
    return $this->belongsTo("App\Models\Materia","id","materia_id");
}
```

O podemos considerar que un varios estudiantes tienen cierta materia a través de la inscripción (realmente este fue el caso de la relación muchos a muchos) pero podríamos solventar esto en el modelo Materia de la siguiente forma:

```
public function estudiantes(){
    return $this->hasManyThrough(
        Estudiante::class,
        Inscripcion::class,
        'materia_id',
        'id',
        'id',
        'estudiante_id',
    );
}
```

6.- Consultar a la base de datos

Usando modelos y el querybuilder

En algunas ocasiones es necesario realizar directamente consultas a la base de datos, realmente las relaciones son ciertas consultas, así como ciertos métodos son también querys, por ejemplo cuando hacemos Modelo::all() lo que estamos haciendo es un “SELECT * FROM modelos”, existe un método que todo modelo tiene se llama `query()`, este retorna un objeto del tipo Builder, este tiene un método que se llama `toSql()`que regresa la consulta en SQL que se ha construido, a la consulta se le pueden agregar cláusulas where y demás modificaciones para obtener la sentencia que se requiera. Recuerde que ejecutando la función `toSql()` podremos obtener el resultado.

Comprobemos lo antes mencionado:

```
Psy Shell v0.11.12 (PHP 8.2.1 — cli) by Justin Hileman
> $consulta = Docente::query();
[!] Aliasing 'Docente' to 'App\Models\Docente' for this Tinker session.
= Illuminate\Database\Eloquent\Builder {#4677}

> $consulta->where('apellido_paterno','López');
= Illuminate\Database\Eloquent\Builder {#4677}

> $consulta->toSql();
= "select * from `docentes` where `apellido_paterno` = ?"

> $consulta->get();
= Illuminate\Database\Eloquent\Collection {#4681
    all: [
      App\Models\Docente {#4667
        id: 1,
        nombre: "Juan",
        apellido_paterno: "López",
        apellido_materno: "Rodríguez",
        fecha_contratacion: "2023-04-10",
      },
      App\Models\Docente {#4685
        id: 3,
        nombre: "Ricardo",
        apellido_paterno: "López",
        apellido_materno: "Hernández",
        fecha_contratacion: "2023-04-10",
      },
    ],
  }
```

Figura 12 Consulta con where

Usando la base de datos

LARAVEL proporciona una abstracción de la base de datos y con ella podemos hacer uso del SGBD directamente, para esto debemos construir nuestras propias consultas, el tema que veremos es el QueryBuilder (Illuminate\Database\Query\Builder) Esta clase cuenta también con con métodos `toSql` y `get` y nos permite realizar consultas más elaboradas (aquellas en las que queramos filtrar, agrupar y otras cosas que deseemos directamente con SQL) otra característica es que podemos llevar a cabo transacciones sobre la base de datos, recordemos que una transacción en base de datos es un conjunto de consultas que se ejecutan cómo si fuesen una sola para respetar los principios ACID (Acrónimo del ingles que se toma las iniciales de cada una de las características de una transacción: Atomicity, recuerde que una transaccion son varias consultas, se ejecutan todas o ninguna, es decir si una falla, fallan todas, Consistency significa que despues de ejecutarse la base de datos seguira sinedo consistente, Isolate significa que una transccion se ejectua aisladamente de las otras y sus modificaciones no son visibles hasta que esta se haya confirmado y Durability significa que una transaccion perdura una vez que se haya resuelto positivamente esta), este no es un curso de BASES DE DATOS, por lo que no nos adentraremos más en conceptos de esta materia ni en el lenguaje SQL por lo que explicaremos cómo una consulta se puede usar con el QUERY BUILDER.

Podemos hacer uso de esta gracias a la clase DB (`use Illuminate\Support\Facades\DB;`), para ejecutar una consulta, por ejemplo

El siguiente query

```
SELECT materias.nombre, estudiantes.nombre FROM estudiantes INNER JOIN
estudiante_materia ON estudiantes.id = estudiante_materia.estudiante_id INNER
JOIN materias ON estudiante_materia.materia_id = materias.id
```

Lo podríamos usar así

```
//codigo anterior
$consulta = DB::table('estudiantes')
            ->join('estudiante_materia','estudiantes.id','=','estudiante_materia.estudiante_id')
            ->join('materias', 'estudiante_materia.materia_id', '=', 'materias.id')
            ->select('materias.nombre','estudiantes.nombre');
//codigo siguiente
```

La ventaja que nos presenta la abstracción DB es que el resultado es independiente del manejador de base de datos que usemos, si por ejemplo usásemos Sql Server el lenguaje sería TransactSQL y si empléamos otros sistemas por ejemplo PostgreSQL, existen diferencias aunque sean mínimas en cada implementación, por ejemplo para limitar la cantidad de filas devueltas en una consulta en Mysql usamos la cláusula LIMIT pero en Sql Server se usa la clausula TOP

En lo personal después de 5 años de usar el framework cada vez son menos las ocasiones en que creo necesario usar el QueryBuilder, un caso son las transacciones.

Transacciones

Por ejemplo para eliminar a un estudiante basta con ejecutar `$estudiante->delete()` pero esto no deberíamos hacerlo a menos que no esté inscrito en alguna materia, para esto usaríamos las transacciones, primeramente iniciaríamos una transacción, luego eliminamos las inscripciones que este pudiese tener, y terminamos la transacción, pero si existe algún error (o alguna razón por la cual no se pudiesen llevar a cabo las operaciones) entonces se cancelan los cambios. Por ejemplo no podría eliminarse una inscripción si tiene alguna calificación (usaremos un método llamado inscripciones que regrese una relación del tipo hasMany ya que un estudiante tiene varias inscripciones).

Un primer intento en el controlador del modelo Estudiante sería:

```
    public function destroy(Estudiante $estudiante)
    {
        foreach( $estudiante->inscripciones as $inscripcion ){
            if (is_null($inscripcion->promedio)) $inscripcion->delete();
        }
        $estudiante->delete();
        return redirect(route('estudiantes.index'));
    }
```

Y podríamos confirmar que funciona para el estudiante Luis, pero con Juan fallará (recuerde que a Juan le hemos asignado un promedio de 80 en la inscripción a Programación), es aquí donde podríamos utilizar una característica más del lenguaje PHP, que es el manejo de excepciones aunado a las transacciones puesto que con el código así cómo se muestra el resultado será que el estudiante Juan soló está inscrito en la materia Programación. El método de borrado ahora queda cómo:

```
    public function destroy(Estudiante $estudiante)
    {
        DB::beginTransaction();
        try {
            foreach( $estudiante->inscripciones as $inscripcion ){
                if (is_null($inscripcion->promedio)) $inscripcion->delete();
            }
            $estudiante->delete();
            DB::commit();
        } catch (\Throwable $th) {
            DB::rollBack();
        }
        return redirect(route('estudiantes.index'));
    }
```

Subconsultas

En raras ocasiones será necesario realizar una consulta compleja (cómo la se vio se puede hacer uso de la base de datos, pero en lo personal recomiendo hacer uso de los modelos puesto que estos proporcionan una mayor abstracción de la base de datos y se obtiene que una mejor semántica, pero será necesario utilizar por ejemplo las sub consultas, haremos uso de un código que lo demuestra:

```
    static public function activos(){
        return Docente::whereIn('id',function ($query)
                        {
                            $query->select('docente_id')
                            ->from('docente_materia');
                        })->get();
    }
```

En el bloque anterior se definió una función estática dentro del modelo Docente que nos retorna solo aquellos docentes que tienen asignada alguna materia, estamos haciendo una sub consulta puesto que el resultado es la ejecución del query:

```
SELECT * FROM `docentes` WHERE `id` IN (SELECT `docente_id` FROM `docente_materia`)
```

7.- Otras prácticas de programación

Para lograr una aplicación exitosa haremos uso de múltiples tecnologías, lenguajes, etc. Por ejemplo, si usted hace un sitio este tendrá mejor apariencia si gracias a los estilos css que le pueda aplicar, de la misma forma aumentará la interactividad gracias a java script, y podrá comunicarse con otros servicios por medio de Apis Rest.

Crear un API (Application Program Inteface).

LARAVEL por ser un framework de pila completa permite implementar apis, de forma similar a cómo se crearon las rutas para la aplicación web (en el archivo web.php) se cuenta con un archivo api.php, la diferencia es que estas rutas solo reciben y regresan datos, nunca implementamos una para mostrar cierta interfaz (las vistas) y de la misma forma en que se tienen controladores de tipo recurso tendremos controladores de tipo api que tengan por defecto los métodos para el CRUD (index, store, update, show, update y destroy). Crearemos el controlador para el Api, no es regla ni convención, pero en este ejemplo lo llamaremos con el prefijo Api, similar a los controladores de tipo resource usando el comando php artisan make:controller –model=Docente --api ApiDocenteController obtenemos el "cascaron" de un controlador para manejar al modelo, recuerde que solo recibimos datos (normalmente por medio de los request) y regresamos datos (en formato json), la ruta la crearemos en el archivo api.php

```
Route::apiResource('docentes', ApiDocenteController::class);
```

Ahora implementaremos el api, recuerde que en lugar de regresar los datos hacia la vista los regresamos en formato json, para mostrar esto comparemos nuestros controladores de Docente

```
    public function index()
    {
        $todos = Docente::all();
        return view("docentes.index",compact('todos'));
    }
```

Contra nuestro controlador de api

```
    public function index()
    {
        return Docente::all()->toJson();
    }
```

Para poder hacer uso de estos datos podremos implmentar una aplicación en cualquier lenguaje que soporte llamadas api, puede ser una app móvil, un programa de escritorio en java o alguna aplicación web en cualquier otro framework, incluso un framework de frot end cómo Vue.js (más adelante daremos un ejemplo con este).

El código siguiente son los registros en formato json (este significa Java Script Objetc Notation y es el estándar para compartir datos entre servicios web, ya que esta en texto plano y es fácil de entender).


```
[
  {
    "id": 1,
    "nombre": "Jose",
    "altura": 1.8,
    "created_at": "2023-04-17T06:18:15.000000Z",
    "updated_at": "2023-04-17T06:18:15.000000Z",
    "nombre_de_usuario": "jdocente",
    "clave": "$2y$10$92IXUNpkjO0rOQ5byMi.Ye4oKoEa3Ro9llC/.og/at2.uheWG/igi",
    "imagen": "jose.jpg"
  },
  {
    "id": 2,
    "nombre": "Ana",
    "altura": 1.6,
    "created_at": "2023-04-17T06:18:15.000000Z",
    "updated_at": "2023-04-17T06:18:15.000000Z",
    "nombre_de_usuario": "adocente",
    "clave": "$2y$10$92IXUNpkjO0rOQ5byMi.Ye4oKoEa3Ro9llC/.og/at2.uheWG/igi",
    "imagen": "ana.jpg"
  },
  {
    "id": 3,
    "nombre": "Ricardo",
```

```
    "altura": 1.7,
    "created_at": "2023-04-17T06:18:15.000000Z",
    "updated_at": "2023-04-17T06:18:15.000000Z",
    "nombre_de_usuario": "rdocente",
    "clave": "$2y$10$92IXUNpkjO0rOQ5byMi.Ye4oKoEa3Ro9llC/.og/at2.uheWG/igi",
    "imagen": "ricardo.jpg"
  },
  {
    "id": 4,
    "nombre": "Laura",
    "altura": 1.7,
    "created_at": "2023-04-17T06:18:15.000000Z",
    "updated_at": "2023-04-17T06:18:15.000000Z",
    "nombre_de_usuario": "ldocente",
    "clave": "$2y$10$92IXUNpkjO0rOQ5byMi.Ye4oKoEa3Ro9llC/.og/at2.uheWG/igi",
    "imagen": "laura.jpg"
  }
]
```

Recordando a las relaciones podemos observar que cada uno de ellos está interconectado con las materias que imparte y tenemos un método llamado materias y deseamos que esa información se envié en el json así que modificaremos nuestra index

```
public function index()
{
    return Docente::with('materias')->get()->toJson();
}
```

Los cambios que podemos observar primeramente es que llamamos al método `with` indicando la relación que deseamos cargar, cómo este nos regresa un objeto de tipo Builder será necesario ejecutarlo por eso la llamada a la función `get` por último cómo antes retornamos esto en formato json.

```
[
    {
        "id": 1,
        "nombre": "Jose",
        "altura": 1.8,
        "created_at": "2023-04-17T06:18:15.000000Z",
        "updated_at": "2023-04-17T06:18:15.000000Z",
        "nombre_de_usuario": "jdocente",
        "clave": "$2y$10$92IXUNpkjO0rOQ5byMi.Ye4oKoEa3Ro9llC/.og/at2.uheWG/igi",
        "imagen": "jose.jpg",
        "materias": [
            {
                "id": 1,
                "nombre": "Redes",
                "docente_id": 1,
                "created_at": "2023-04-17T06:18:15.000000Z",
                "updated_at": "2023-04-17T06:18:15.000000Z"
            },
            {
                "id": 2,
                "nombre": "Conmutacion",
                "docente_id": 1,
                "created_at": "2023-04-17T06:18:15.000000Z",
                "updated_at": "2023-04-17T06:18:15.000000Z"
            }
        ]
```

```
    },
...
]
```

Validación de datos.

Para esta característica es necesario usar la cabecera `Accept: application/json` para indicar al servidor que procesara la petición que lo que se retorne sea un json de lo contrario lo que sucederá que si la validación falla se retornara a la pagina anteterior y en la sesión se tendrán todos los errores encontrados.

La característica de la que hablamos son los "FormRequests" que son validadores y con el comando `php artisan make:request StoreDocenteRequest` (la convención nos dicta que el nombre del archivo deberá ser <acción><Modelo>Request) se crea el archivo StoreDocenteRequest en el subdirectorio Requests del directorio Http que se encuentra en la carpeta app, estos nos permiten validar los datos que se envían y si se usan en una aplicación web que usa formularios el comportamiento será que si los datos no son válidos (no cumplen con las restricciones que se establece) el sistema se regresa a la página anterior con y se recibe un objeto con los errores, además existe un helper llamado `old` con el cual se puede conocer el valor anterior de un input, gracias a esto podemos implementar que si un conjunto de datos no cumplen las expectativas se regrese a la página con el formulario y con todos los campos llenos con el valor que se envió, cuando se usa un fomrRequest para una solicitud de un API y los datos no cumplen con las restricciones lo que se retorna es un objeto json que tiene dos atributos, el primero el mensaje de error y un arreglo que a su vez contiene un arreglo asociativo en el que el índice es el nombre del campo y el valor es el mensaje de error relacionado con este. Podemos validar desde la existencia de un campo, si este será de tipo alfanumérico o se espera un número, su tamaño (se puede especificar un mínimo y un máximum, en caso de las cadenas es su longitud y de ser numérico es su valor) se puede especificar su forma (por ejemplo, si se desea que cumpla con la forma de una dirección ip) incluso se puede usar una expresión regular para determinar si tiene o no los valores que se esperan. Podemos también interactuar con una base de datos o realizar validaciones condicionales, pero en este texto solo veremos validaciones sencillas, en el caso del docente en el cual las características que hemos determinado serán nombre, nombre de usuario, clave y altura validaremos que se asigne un nombre de usuario, que este no sea de más de 8 caracteres y no menos de 5, en el caso de la altura deberá ser un número que oscile entre los 1.5 y los 2.10, la clave que en este caso se pedirá otro atributo para confirmarla y este debe ser igual a ella y el campo clave que deberá confirmarse.

El resultado del comando anterior es la clase:

```
<?php

namespace App\Http\Requests;

use Illuminate\Foundation\Http\FormRequest;

class StoreDocenteRequest extends FormRequest
{
    /**
     * Determine if the user is authorized to make this request.
```

```
     *
     * @return bool
     */
    public function authorize()
    {
        return false;
    }

    /**
     * Get the validation rules that apply to the request.
     *
     * @return array<string, mixed>
     */
    public function rules()
    {
        return [
            //
        ];
    }
}
```

Modificaremos el método `authorize` para especificar que autorizamos el uso de este validador, el método rules con las reglas de validación que quedarán en un arreglo asociativo en el que los índices corresponderán al nombre del campo a validar y el valor incluye una cadena con una o más restricciones, en caso de tener varias estas se separan por el símbolo de tubería y si tienen algún parámetro se especifica después de un dos puntos:

```
    public function rules()
    {
        return [
            'nombre_de_usuario' => 'required|min:5|max:8',
            'altura' => 'required|numeric|min:1.5|max:2.10',
            'clave' => 'required|confirmed'
        ];
    }
```

En el caso de clave requerimos que se agregue una entrada con el nombre clave_confirmation puesto que el uso de la restricción `confirmed` requiere que exista un campo con el nombre <campo>_confirmation y revisara que ambos valores sean iguales. No se cuenta con el método `messages` que se encargara de proporcionar los mensajes de error para cada una de las restricciones que especifiquemos, está funcion retorna también un arreglo asociativo en el que los valores contienen el mensaje de error y los índices corresponden a la restricción que se evalué, para especificar se escriben de la forma <campo>.<restricción> gracias a esto podemos especificar a que campo se atribuye, en el ejemplo anterior tanto el nombre de usuario cómo la altura son requerido y si existe la clave se debe verificar que este correctamente confirmada, El método `messages` quedaría:

```
public function messages()
{
    return [
        'nombre_de_usuario.required' => 'El nombre de usuario es requerido',
        'nombre_de_usuario.min' => 'El nombre de usuario debe por lo menos ser de 5 carácteres',
        'nombre_de_usuario.max' => 'El nombre de usuario debe ser de 8 carácteres cuando más',
        'altura.required' => 'La altura es requerida',
        'altura.numeric' => 'La altura debe ser nuemrica',
        'altura.min' => 'La altura mínimo tendra 1.5',
        'altura.max' => 'La altura maximo tendra 2.10',
```

```
        'clave.required' => 'La clave es requerida',
        'clave.confirmed' => 'La clave debe ser confirmada',
    ];
}
```

Pero para poder emplearlo debemos especificar al framework donde se encuentra y eso lo hacemos si en las primeras líneas, escribimos:

```
//// código para incluir liberias ...
use App\Http\Requests\StoreDocenteRequest;
//// código para incluir liberias ...
```

Dependiendo del contexto de uso será la forma en que el `FormRequest` reaccione, pero en general debemos en el controlador inyectarlo, es decir que especificar que el parámetro es de ese tipo, en la firma del método, debemos especificarlo así:

```
    public function store(StoreDocenteRequest $request)
    {
        //// código a implementar ...
    }
```

Si estamos usando formularios entonces debemos adecuarlos, el nuestro quedaría así:

```
@extends('plantillas.principal')
@section('contenido')
<form action="{{route('docentes.store')}}" method="post" enctype="multipart/form-data">
    @csrf
    <label for='nombre'>Nombre</label>
    <input type='text' name='nombre' id='nombre' value="{{old('nombre')}}">
    <br>
    <label for='NombreDeUsuario'>Nombre de Usuario</label>
    <input type='text' name='nombre_de_usuario' id='NombreDeUsuario' value="{{old('nombre_de_usuario')}}">
    <br>
    <label for='clave'>Clave del usuario</label>
    <input type='password' name='clave' id='clave' value="{{old('clave')}}">
    <br>
    <label for='pwd'>Repida la clave</label>
    <input type='password' name='clave_confirmation' id='pwd' >
    <br>
    <label for='imagen'>Imagen</label>
    <input type='file' name='imagen' id='imagen' value="{{old('imagen')}}">
    <br>
    <label for='altura'>altura</label>
    <input type='text' name='altura' id='altura' value="{{old('altura')}}">
    <br>
    <input type="submit" value="GUARDAR">
</form>
@endsection
```

Dentro de la plantilla tenemos acceso al objeto `$errors` que cuenta con varios métodos que nos pueden servir: `any` que retorna cierto o falso dependiendo si en la validación se encontraron o no errores, esta también `any` que regresa un arreglo indexado[21] en el cual se

---

[21] En PHP los arreglos pueden ser asociativos o indexados, los segundos en su índice usan números enteros continuos (el clásico `$a[0]=$a[1];`) mientras con los otros podemos accederlos con palabras (`$a['rojo']=$a['azul'];`)

encuentran los mensajes de error producto de la validación y puedo llamar al método `get` especificando el nombre del campo para conocer en un arreglo todos los menajes que se aplican a este campo.

Consumir el API

La acción de hacer uso del API, procesar los datos retornados (el json que se obtuvo) se conoce cómo consumir el API, existen dos formas, desde el mismo origen y desde un origen distinto, en el primer caso se hacen peticiones a este desde las vistas del mismo sistema (realmente desde JavaScript [22] sea cual sea el origen siempre se hace uso de este lenguaje), es posible que se usen diversas librerías (axios, jquery) o se implemente el API fetch (incorporada en HTML5 haciendo uso de JavaScript Vanilla[23]).

Desde el mismo origen

Para el primer caso haremos uso de la tecnología AJAX que es acrónimo de Asincronous Javascript And Xml, que es el resultado de unir varios conocimientos (actualmente en lugar de usar xml se usa json) y se basa en realizar solicitudes HTTP desde javascript que nos darán cómo resultado datos en json que son mostrados en elementos de la página (elementos del DOM[24]), podemos hacer esto usaremos el fetch de html5, en este caso realizaremos una vista que contenga un input de tipo select para en el colocar los nombres de los docentes que obtendremos haciendo una llamada al método index de nuestra api (el end point será http://192.168.56.106:8001/api/docentes usando el metodo get).

Primeramente, analizaremos la parte visible (el cuerpo) de nuestra página:

```
<body>
    <button onclick="cargar()">Cargar</button>
    Lista de docentes <select id="lista"></select>
</body>
```

Este código se pude considerar cómo el de cualquier página web, pero hemos agregado dos singularidades, la primera es la creación de lo que se conoce cómo un *listener* que es una función que se activara cuando suceda un evento (en este caso estamos diciendo que cuando presionen el botón se ejecute cargar) y por otro lado demos asignado el id al elemento que deseamos poder manipular a través del DOM

Veremos que el trabajo "fuerte" se encuentra en la parte del JavaScript puesto que solo hemos dicho que al momento de presionar el botón se ejecute la función cargar, por lo que ahora analizaremos el encabezado de nuestra página:

```
<head>
    <title>Listado de docentes</title>
    <script>
        function cargar() {

            fetch('http://192.168.56.106:8000/api/docentes')
```

[22] Lenguaje que se ejecuta en el navegador (por esto se le conoce cómo del lado del cliente) gracias al cual se puede obtener interactividad y agregar dinamismo a las páginas web.

[23] Se le da la connotación de JavaScript Vanilla al uso de del lenguaje con sus funcionalidades de forma pura sin la ayuda de ninguna librería externa.

[24] Documento Object Model es la representación en memoria de una página web, todos los elementos del html son objetos.

```
            .then( function extraer(respuesta){
                return respuesta.json()
            })
            .then( function procesar(datos){
                for (i=0; i<datos.length; i++){
                    const option = document.createElement('option');
                    option.textContent = "Docente: " + datos[i].nombre;
                    option.value = datos[i].id;
                    const select = document.getElementById('lista');
                    select.appendChild(option);
                }
            });
        }
    </script>
</head>
```

Para hacer más evidente el código hemos omitido usar características cómo la función flecha o el método map del arreglo datos. Procedamos a explicar que el uso de fetch es una característica que de forma nativa permite realizar peticiones http, en este ejemplo se realiza una petición GET (puesto que no se está especificando el método) a la url (al end point) `http://192.168.56.106:8000/api/docentes` y esto nos retorna una promesa (promesas es un tema de JavaScript que si usted no lo tiene claro es recomendable se documente en el)

El then se llama cuando se resuelve la promesa por lo recibiremos la respuesta a la solicitud HTTP de tipo GET que efectuamos en el fetch, esta solicitud no es directamente sobre la que trabajaremos puesto que en ella viajan las cabeceras, el código de estado, así cómo los datos que en este caso es lo que nos interesa, por lo tanto se realiza la función `extraer` que nos regresa solo contenido json (los datos que nos interesan), esto a su vez es una promesa que también es atendida en su propio then dentro del cual se ejecuta la función `procesar` que será la hacer algo con los datos y en este ejemplo es cargar los nombres en un `select`.

La función procesar recibe los datos (en este caso es un arreglo que contiene a todos los objetos de tipo docente) por lo que itera para cada uno de ellos desde 0 y para cada uno de ellos primero crea un objeto de tipo option (recuerde que en html un select muestra varios options) le asigna el texto "Docente: " acompañado del nombre de cada uno y también le establece el valor para la opción (en este caso sera el identificador de cada uno de ellos), acto seguido agrega la opción al select que en nuestro html lo identificamos cómo lista.

Lo que normalmente se obtiene cómo resultado de implementar acciones cómo estás es elevar el nivel de UX[25] pero existen varios frameworks y librerías que escribiendo relativamente poco código permiten obtener un resultado similar, si deseamos continuar trabajando con laravel es posible usar livewire para crear interfaces de usuario (vistas) más dinámicas.

desde un origen distinto

En el párrafo anterior comentamos que existen varios frameworks por ejemplo Vue.js que se encargan de crear interfaces completamente dinámicas, esto frameowrs solo construyen aplicaciones del lado del cliente es decir que son ejecutadas en el navegador, común mente

[25] La experiencia de usuario (User Xperience en inglés) es cómo los usuarios interactúan con un producto o servicio.

se ejecutan en un servidor diferente, en el caso de Vue.js cómo queda fuera del alcance no explicaremos conceptos su ciclo de vida, el concepto de "componentes" es similar en ambos frameworks, es una parte de la página, en vue.js creamos un componente el cual se llama listar.

```
<template>
    <button @click="cargarDocentes">Cargar docentes</button>
    <select>
      <option v-for="docente in docentes" :key="docente.id" :value="docente.id">
Docente: {{ docente.nombre }}
       </option>
    </select>
</template>

<script>
export default {
  data() {
    return {
      docentes: [],
    };
  },
  methods: {
      cargarDocentes() {
          fetch('http://192.168.56.106:8000/api/docentes')
          .then(response => response.json())
          .then(datos => {
              this.docentes = datos;
          });
      },
  },
};
</script>
```

De forma similar vemos que tiene dos partes una que es template similar al body del ejemplo anterior pero en esta ocasión encontramos un atributo `@click="cargarDocentes"` que al framework está indicando que cuando se haga click en este elemento (el botón) se ejecute la función `cargarDocentes` que está definida en la parte del script, similar también existe una parte de script, en esta se define entre otras cosas una función para llamar al API y en esta ocasión si hacemos uso de las funciones flecha, pero en la segunda vemos que en el cuerpo no estamos creando las opciones en si lo que se hace es que se asignó el arreglo datos al arreglo docentes, ya que en el template se una directiva v-for (esta es especifica de Vue.js) la cual itera sobre un arreglo.

8. Servicios Web

Los servicios web (WS) son programas que son usados por otros programas desde hace mucho las personas se dieron cuenta que las computadoras podían procesar datos a mayor velocidad y en mayor escala, por lo que se presentó una gran evolución en la programación, incluso se a llegado a realizar programas que son usados por programas, hoy en día es muy común interactuar con una inteligencia artificial, a la cual alimentamos con datos y obtenemos datos también, pero para que hayamos llegado hasta esto todo comenzó desde la década de 1990 en que inician estos, sus características son la Interoperabilidad, la Abstracción, la Seguridad y la Independencia Física.

Existen diferentes tipos de servicios web, desde los basados en SOAP, los REST FULL y los GraphQL, los que son RPC, pero todos ellos tienen una arquitectura similar al modelo de comunicación básico (que exponen Claude E. Shannon y Warren Weaver en su artículo A Mathematical Theory of Communication[3]), así se puede ver:

- Receptor: El servidor que publica el servicio web
- Emisor: El cliente que consume el servicio web
- Canal: Es el medio por el cual fluye la información enviada o recibida, puede ser un protocolo o una red y en este caso común mente es el protocolo HTTP
- Mensaje: Es la Solicitud/Respuesta transmitida, son los datos que en caso de sw basados en SOAP se guardan en XML y en APIS REST se manejan en JSON

En este momento los servicios web mas comunes son los del tipo REST FULL

RESTFull

Los servicios web que respetan los principios REST (Representational State Transfer) son considerados un API RestFull, estas pautas fueron propuestas presentadas por Roy Fielding en su tesis de doctorado en 2000,el seguir estos principios asegura el cumplimento de las características de un servicio web.

1. Principio de usar una arquitectura **cliente-servidor**, realizar esto indica que se realiza una separación de las responsabilidades tanto del cliente y el servidor dejando que el cliente sea responsable de la experiencia del usuario mientras que el servidor se encargará de procesar las solicitudes y los recursos empleados.
2. Un servicio web debe ser **sin estado** (stateless) por lo que cada solicitud que se envia a un servidor debe contener la información necesaria para poder generar la respuesta buscada.
3. Uso e una **interfaz uniforme** que permita usar este sin neceidad de crear unuevas formas de acceso.

Laravel permite con gran facilidad implemntar servgicios web del tipo restful,

Trabajos citados

[1] G. D. Campo, «Patrones de Diseño, Refactorización y Antipatrones. Ventajas y Desventajas de su Utilización en el Software Orientado a Objetos,» *Cuadernos de Ingeniería,* vol. 4, nº 4, pp. 101-136, 22 09 2019.

[2] M. J. N. Cíceri Vazquez, Introducción a Laravel: Aplicaciones robustas y a gran escala, 1ª edicion ed., M. Lederkremer, Ed., de Buenos Aires, Buenos Aires: Six Ediciones, 2019, p. 320.

[3] C. Shannon y W. Weaver, «A Mathematical Theory of Communication,» *Bell System Technical Journal.,* vol. 27, nº 3, p. 379–423, 1948.

Blog de https://kennyhorna.com/

Documentacion de laravel: https://laravel.com/

Cursos de laravel en :
https://rimorsoft.com/
https://styde.net/

Printed by Books on Demand GmbH, Norderstedt / Germany